KB201848

Enhancing the Dignity of the Elderly in Korea

한국 고령자의
존엄 증진

Enhancing the Dignity of the Elderly in Korea

한국 고령자의
존엄 증진

성규탁 지음

인간중시적 돌봄

Humanistic Values and Care & Services

고도의 산업화와 도시화로 인하여 성인 자녀의 부모와의 별거 및 직장 진출, 저출산과 가족의 소형화, 개인주의적 생활 스타일 확산 등 변화에 따라 고령자를 존중하며 존엄을 받드는 관행이 다소간 흔들리는 정황이 엿보입니다. 하지만 고령자를 인간중시적으로 존중하며 존엄을 받드는 한국적 전통 가치는 우리의 생활과 사상에 깊이 스며들어 있습니다.

초고령사회에 진입하여 건강한 고령자 수가 늘어나며 생존 기간이 현저히 길어지고 있습니다.

길게 장수하는 동안에, 고령자가 값없고 쓸모없는 사람으로 무시, 천대, 차별당하지 않고, 신체적 및 사회적 어려움을 극복하며, 보람 있는 과업에 종사하여, 인간중시적으로 존중되면서 생을 존엄하게 보낼 수 있도록 하는 과제를 우리는 슬기롭게 다루어 나가야 하겠습니다.

이런 시대적 과제에 즈음하여 고령자 복지를 위한 앞선 정책을 도입, 실행하는 노력이 긴요합니다. 이런 노력의 일환으로 '노인 존엄 케어'(고령자의 존엄을 받들며 돌봄)가 뿌리내릴 수 있도록 행정 및 재정을 기획, 운영할 필요성이 날이 갈수록 증대하고 있습니다. 사회복지 실천계와 학계에서 다 같이 이 필요성을 공인, 역설하고 있습니다.

이 책은 한국인의 부모와 자녀가 상호부조 하는 효(孝)의 관습을 다년간 조사 연구해 온 성규탁 박사가 이론적 및 경험적 자료를 국내와 외국에서 섭렵하여 고령자를 인간중시적으로 존엄을 받들며 돌보는 데 관하여 사례를 들어 해설하였습니다. 초고령사회에 진입하는 우리 사회가 진지하게 다루어야 할 시대적 과업을 소상히 해명한 내용입니다.

이 책이 우리의 긴요한 과업인 고령자 복지와 사회복지를 학습, 연구, 실천하는 학생들과 전문인들에게 참고가 될 수 있다고 믿고 널리 읽히기를 바랍니다.

2024년 10월 1일
차흥봉
전 보건복지부 장관, 세계노년학 · 노인의학연합회 회장
현 한국웰다잉협회 회장

　초고령 사회를 목전에 두고 있는 우리 사회는 노년기가 점차 길어지고 있다. 노인 인구가 증가하고, 길어진 노년기에 고령자가 노후를 존엄하게 보낼 수 있게 하는 다양한 시도가 필요하게 되었다. 이런 시대적 요청에 즈음하여 고령자 복지를 위한 앞선 정책을 실행할 필요가 커지고 있다. 이런 필요의 일환으로 고령자의 존엄을 받드는 사회복지 돌봄이 뿌리내릴 수 있도록 행정 및 재정을 기획, 운영할 필요가 날이 갈수록 늘어나고 있다.

　노인 인구가 증대하고 생명이 연장되는 새 시대에 고령자가 존엄한 노후를 이루도록 함은 나라와 사회의 중대한 과제로 등장한 것이다. 고령자는 평생 가족, 직장, 사회와 나라에 이바지하였다. 이분들은 오랜 세월 동안 축적한 경험, 지식, 기능, 지혜를 간직한 우리 사회의 고귀한 인적 자산이다. 이분들의 일부는 고령으로 인해 발생하는 신체적 문제와 사회적 어려움을 해소하기 위해서 사회복지 돌봄이 필요하게 된다.

이러한 고령자가 우리 사회에서 멸시, 천대, 차별당하지 않으면서 길어진 생을 존엄하게 이룩함은 고령자를 포함한 우리 모두가 소원하는 시대적 과제이다. 사회복지 돌봄은 이타적(利他的)인 선행(善行)으로서 고령자의 문제와 어려움을 완화, 해소해서 이분들의 복리를 증진하는 인간중시적 과업이다.

참다운 고령자 돌봄은 이분들에게 관심을 가지고 온정과 동정심으로 존엄을 받들면서 윤리 도덕적으로 제공되어야 한다. 사실 사회복지 전문직이 고수하는 핵심적 가치는 바로 돌봄 대상자인 고객의 존엄성과 사회정의의 고양이다. 모든 인간은 공평하게 존엄성이 받들어져야 할 불가침의 권리를 간직하며 사회정의로서 인권, 기회, 보호, 사회적 혜택을 공평하게 간직할 권리를 가진다.

고령자는 한국의 전통문화적 가치와 헌법으로 이러한 고귀한 권리를 보장받고 있다. 하지만 돌보는 데는 돌봄 제공자의 가치관과 고령자와 제공자 간 상호관계가 영향을 미치게 된다. 이런 맥락에서 돌봄 제공자가 인간중시적 돌봄을 제공하는 데 못 미치고 고령자의 존엄을 받들지 못하는 경우가 흔히 발생한다.

한국인은 홍익인간(弘益人間) 이념에서 발원한 사람 존엄을 받드는 문화적 가치를 간직하고 있으며 대한민국 헌법으로 전 국민의 존엄이 엄연히 보장되어 있다. 사회복지 돌봄은 우리가 이어받은 이 전통문화적 가치와 나라의 법을 기틀로 제공됨이 마땅하다. 그럼으로써 고령자가 평생 축적한 고귀한 인적 자원과 사회와 나라에 이바지하고자 하는 의욕과 성심을 이해, 선용할 수 있다.

한국인의 생활과 사상 그리고 사회체계에 스며들어 있는 인간중시 가치는 이러한 고령자 존엄을 받드는 사회복지 돌봄을 실행하는 데 발현되어야 한다. 발전한 나라마다 자국의 문화적 맥락에 알맞게 보편화될 수 있는 사회복지 돌봄을 개발해 나가고 있다. 전통사상에서 진리를 찾고 교훈을 얻어 새로운 돌봄을 기획, 설정하고, 이를 실천에 옮기고 있는 것이다.

이 책은 사회복지 돌봄에 관한 학계(學界) 및 실천계(實踐界)의 공론(公論)을 바탕으로 한국 문화적 맥락에서 새 시대에 제공되는 고령자 돌봄의 밝은(明) 면과 어두운(暗) 면을 탐사해서 건강하거나 병약한 고령자에게 존엄을 받들면서 사회복지 돌봄을 제공하는 데 관해서 탐사하고자 한다. 이렇게 돌봄의 밝은 면과 어두운 면을 가려내어 앞으로 연구, 개선할 필요가 있다고 보는 과제를 제언하고자 한다.

새로운 이론을 개발하는 데 목적이 있지 않다. 기존 이론과 방법을 적용하여 한국 문화적 맥락에서 인간중시적 가치를 지키면서 고령자에게 존엄을 받들면서 돌봄을 실행하는 데 관하여 탐사, 논의한다.

목차

1

고령자 복지와 문화적 가치

사회복지는 가족 및 사회생활에서 해결하기 어려운 욕구와 문제를 가진 사람들을 인도주의적으로 돌보는 도덕적 가치를 기틀로 시발되고 발전되어 왔다. 노인복지는 사회복지의 한 분야로서 이러한 가치를 발현하며 돌봄을 실행할 주요 대상이 고령자(高齡者)이다. 고령자는 고령의 부모, 친척, 선생, 직장의 선임자, 이웃의 연장자, 이어 일반 고령자를 가리킨다. 우리는 고령자를 위한 사회복지 돌봄을 모름지기 인간중시적으로 실행함을 사회적 의무로 삼고 있다. 돌봄 대상자인 노부모를 포함한 고령자는 모두가 존엄을 간직한 존귀한 사람이기 때문이다.

고령자(高齡者)라 함은 나이가 들어 사회적, 심리적 및 생물학적 기능이 다소간 낮아진 분들을 말하며, 노인(老人)과 같이 비하 또는 낮추어 보는 뜻이 들어 있지 않고 나이가 든 분들을 넓게 가리킨다. 권위 있는 국제노년학 · 노년의학연합회(IAGG, International Association of Gerontology and Geriatric)는 the elderly, elder 및 senior의 용어를 가장 흔히 사용한다. 이 용어에는 '고령자' 또는 '어르신'과

유사하게 존중한다는 뜻이 스며들어 있다. 이 책에서는 노인(老人)이란 용어는 고령자와 관련된 법률적 및 행정적 사항에 한해서만 사용한다.

고령자를 위한 사회복지 돌봄은 문화적 가치와 맞물려 실행된다(Kahn, 1979; Jansson, 2013). 가치는 문화 속에 사는 사람들이 중요하다, 바람직하다, 도움이 된다고 믿는 강한 믿음을 말한다(Titmuss, 1976; Singh, 2020). 이런 가치를 기틀로 사회적 선택이 이루어지며 이 선택에 따라 고령자 복지를 위한 목표의 우선순위가 정해지고, 이 목표를 추구할 돌봄이 기획, 실행되는 것이다(Patti, 2000; Hasenfeld (성규탁 역), 1985).

따라서 문화적 가치는 고령자를 위한 돌봄에 다대한 영향을 미치게 마련이다(Streib, 1987; 이순민, 2016). 가치는 침윤성(浸潤性)이 강하여 사회복지 활동에 쉽게 스며들어 이처럼 돌봄의 방향과 방법을 선정토록 이끄는 지렛대 역할을 한다(Grundler & Kollner, 2020; Titmuss, 1976).

사람을 존중하는 인간중시적 가치는 바로 이러한 역할을 하는 우세한 힘이 되며 돌봄 제공자가 준수해야 할 윤리적 원칙을 이룬다. 우리는 이러한 인간존엄(人間尊嚴)을 발현하는 전통문화적 가치를 간직하고 있으며 국가의 헌법으로 이 가치가 전 국민에게 발현되도록 보장되어 있다.

2

전통적 인간중시 가치

우리는 서양 문화에 못지않게 사람을 중시하여 존엄을 받드는 문화적 가치를 간직하고 있다. 홍익인간 사상에서 발원하여 불교와 유교를 거쳐 동학과 기독교에 이르는 인간중시 사상을 기틀로 하는 인간존엄을 고양하는 문화적 맥락이 이루어지고 있는 것이다.

홍익인간 사상

사람을 중시하는 가치는 건국신화 정신이 표상하는 홍익인간(弘益人間) 이념에서 발원한다. 이 가치는 보편적으로 사람을 존중하며 모든 인간의 이익과 번영을 공평하게 추구함이 근본이다(백낙준, 1963; 손인수, 1992; 최문형, 2004).

홍익인간 사상은 인류공영(人類共榮)이라는 뜻에서 민주주의의 기본 정신과 부합되며, 유교의 인(仁), 불교의 자비(慈悲) 및 기독교의 박애(博愛) 정신과 상통하는 전 인류의 이상으로 보고, 한국의 교육 이념으로 삼아 교육법 제1조에 그 조문을 설정해 놓았다(법률 4879호 교육법).

불교의 자비

불교는 인간은 고통에서 벗어나 열반(nirvana; 최고의 완성된 깨달음)에 이를 수 있는 존엄한 존재라고 가르친다. 불교가 고창하는 자비(慈悲)는 순수한 인간애이다. 모든 생명의 존엄을 받드는 인간중시 가치를 기본으로 하는 이타적 실천을 가르친다(이중표, 2010; 류승국, 1988).

유교의 인(仁)

불교와 나란히 오랫동안 조선인의 사고와 생활에 많은 영향을 끼친 유교의 기본적 가치는 인간애와 인간 존중을 핵심으로 하는 인(仁)에 기틀을 두고 있다. 인은 인간의 생명을 존엄하게 보는 인간중시 가치이다(박종홍, 1965; 김낙진, 2004; 도성달, 2012). 인(仁)은 부모를 공경(尊重)하며 온정(溫情)으로 돌보는 데서 극치를 이룬다(이황, 퇴계집, 2003; 금장태, 2012; 이동준, 1997).

인을 발현하는 측은(惻隱)히 여기는 마음은 나의 가슴속에 가득한 동정심으로 약자의 존엄을 받드는 가치이다. 서(恕)도 또한 인을 발현하는 가치로서 자기가 서고자 하는 데 남을 세워 공평한 인간관계를 이루어 존엄을 받드는 가치이다(퇴계, 성학십도, 인설; 윤사순, 2016; 금장태, 2012; 이동준, 1997).

동학(천도교)의 인간관

동학의 인간관은 인내천(人乃天: 인간이 곧 하늘임)과 사인여천(事

16

人如天: 사람 섬기기를 하늘을 받드는 것같이 함)에서 드러난다. 인간존엄 가치가 깊이 깃들어져 있다(유영익, 1992). 천(天: 하늘)은 가장 높은 가치체계, 즉 도덕과 윤리를 이룩하는 원리이며 이상이다. 조선인의 주체성을 갖춘 만민평등 사상으로 인간존엄을 높이 받들었다(손인수, 1992; 최문형, 2004).

기독교의 박애

기독교는 인간의 존엄성이 하나님의 거룩하심에 기인한다고 교시한다. 인간은 하나님의 형상으로 창조되었다(창세기 1:27). 무한한 존엄을 지니신 하나님께서 인간에게 그 존엄성을 부여하신 것이다. 기독교의 아가페(Agape)는 가장 고귀한 사랑이며, 이는 곧 하나님의 사랑이다. 보편적이고 조건 없는 사랑이며 모든 인간을 위해 나를 바치는 능동적 사랑이다. 성서(聖書)는 이런 사랑으로 인류를 위한 봉사를 하도록 다음과 같이 가르친다.

> "주린 자에게 네 식물을 나누어 주며 유리하는 빈민을 네 집에 들이며 벗은 자를 보면 입히며 또 네 골육을 피하여 스스로 숨지 아니하는 것이 아니겠느냐"(이사야 58:6-9).

네 이웃을 네 몸과 같이 사랑하라는 가르침이다. 이러한 아가페로 도덕적 형평성을 발현하며 자비로운 구원을 존엄한 인간에게 실행해야 한다(김시우, 2008).

위에 약술한 홍익인간 이념에서 기독교 교의에 이르는 가르침에서 인간존엄을 받드는 전통문화적 맥락이 이루어지고 있음이 밝혀졌다(손인수, 1992; 류승국, 1995; 최문형, 2004).

정(情): 한국인의 속성

위와 같은 문화적 맥락에서 한국인은 인간관계를 유지하는 데 정(情)을 발현하는 특성을 간직한다. 한국인의 정은 사람들과의 유대감을 조성하며, 강한 친밀감을 느끼게 하고, 따스하고, 계산하지 아니하고, 보답을 요구하지 아니하며 서로 간에 동시에 발생하는 서로를 받드는 호의적 심리이다(임태섭, 1994).

정은 서로 존엄성을 받들어 주려는 의지를 담고 있다. 정을 주는 사이에서는 상대방이 직면하는 문제에 대해 염려하며 개입하려는 경향이 짙다(이수원, 1984). 더욱이 상대방에 대한 존중, 애정, 측은지심, 서를 두루 담고 있어 인간중시적 상호관계를 이루고 지속하는 데 필수적 요소가 된다(윤태림, 1970). 정은 우리 민족 나름의 정서로서 고령자 존엄을 고양하는 문화적 가치의 부분을 이룬다.

연구할 과제

• 한국 인간중시 문화에 대한 사회적 인식

18

3

국민 존엄: 나라의 법

우리나라는 위와 같은 문화적 맥락에서 국가 헌법(憲法)으로 모든 국민의 존엄을 '국민 권리'로 보장하고 있다.

> "모든 국민은 인간으로서의 존엄과 가치를 가지며 행복을 추구할 권리를 가진다."
>
> – 대한민국 헌법 제10조

모름지기 위와 같은 나라의 법과 전통문화적 가치를 겸허하게 수렴하여 우리의 인간중시 문화의 바탕을 공고히 하고, 인간존엄에 대한 현대적 자각을 깨우치며, 고령자를 위한 인간중시적 돌봄을 실행함이 올바르고 마땅하다고 믿는다.

4

이어지는 인간중시적 사상

　인간중시 가치에 기틀을 둔 인간존엄(人間尊嚴)에 대한 관심이 시대적 과제로 드러나고 있다. 오늘의 한국사상 학자들은 전술한 문화적 전통과 나라의 헌법과 상응(相應)하는 인간존엄 사상을 인존사상(人尊思想)이라고 정의하고, 이 사상은 도덕의 근거가 되며 새로운 휴머니즘(Humanism)을 이룬다고 밝히고 있다(윤사순, 2024, 2022; 도성달, 2012; 박찬구, 2006).

　이들은 유교의 기본가치 인(仁)은 인간애와 인간존엄 사상으로서 동양적인 Humanism이라고 정의한다. 윤사순 교수(고려대)는 이러한 한국의 인존사상-인간중시사상-은 보편성(普遍性)과 실용적 타당성(實用的 妥當性)을 갖추었다고 정의하였다(2024.2.2.). 이 학자들은 우리의 인간중시 가치를 더욱 밝고 분명하게 비추어 주었다.

　이러한 가치는 한국의 사회복지 돌봄 제공자가 신중히 배려, 참조해야 할 문화적 믿음이라고 본다. 하지만, 위의 학자들은, 전술한 문화적 가치를 고령자 돌봄을 실천하는 사회 현장에서 발현할 구체적 방법을 제시해 주지 않았다. 이 방법은 사회복지 돌봄 제공자와 돌봄을 수령하는 고령자 사이에 실행되는 돌봄의 전달과 관련된 것이다.

이 책에서 이러한 돌봄의 전달을 인간중시적으로 실행함으로써 고령자 존엄을 고양하는 데 관해서 탐사, 논의, 제의하고자 한다.

연구할 과제

- 한국 문화적 인간중시 가치와 고령자 존엄
- 한국적 휴머니즘에 대한 공론

5

전통적 가치와 새 시대의 실현

우리는 위와 같은 인간을 중시하며 존엄을 받드는 문화적 가치를 전수해 온 민족으로서 하나의 동질적인 공동체를 이루고 있다 (지교훈, 1989; 손인수, 1992; 류승국, 1995). 우리 민족의 인간중시 가치의 뿌리는 유교-불교-천도교-기독교라는 존엄한 문화사상으로 성장하였다.

이 사상은 우리의 전통문화의 뿌리를 이루고 있으며 곁들여 선현(先賢)들이 남긴 가르침이 이를 밝혀주고 있다. 이러한 사상에 기틀을 둔 인간중시적 가치는 우리 모두에게 미쳐야 한다고 본다. 그런데 사회적 현실에서 이런 가치(價值, values)와 이의 실현(實現, realization)을 구별해 볼 수 있다. 가치의 당위성(當爲性)과 현실적 구현(現實的 具現)이 다를 수 있는 것이다. 실용적 타당성이 있음에도 불구하고 이의 실현이 이루어지지 못하는 현상이다. 고귀한 가치의 실현이 바람직하게 이루어지는가 하면 부당하게 이루어지는 수도 있는 것이다.

하지만 인간존엄 고양은, 전술한 바와 같이, 우리 문화에서 성취되어야 할 당위적 가치로서 보편적으로 인식되고 있다. 오늘의 시대적 변화에 직면하여 이런 가치 실천상의 명암(明暗) 문제는 우리가 풀어야 할 과제로 드러난다. 우리는 이런 가치를 실현하는 현대적 방법으로서 인간중시적 돌봄을 들 수 있다. 즉, 인간존엄을 고양하는 돌봄을 제공함으로써 그 가치를 실현하는 것이다.

이 책에서 노부모와 고령자에게 이러한 돌봄을 제공하는 데 발생하는 밝은(明) 면과 어두운(暗) 면을 가려내어 존엄을 받들 수 있는 마땅한 돌봄을 선별해 보고자 한다. 사회적 및 신체적으로 어려운 형편에 처해 있는 고령자를 위한 이러한 돌봄의 실례를 들어 본다.

그동안의 산업화와 도시화에 따른 가족 안팎의 변동으로 우리의 고상한 전통문화적 가치가 다소간 흔들리는 징조가 엿보인다. 가족이 적어져 부모와 고령자를 부양할 사람이 감소하고, 부모와 떨어져 사는 자녀가 많아지고, 가족 바깥의 직장을 가진 성인 자녀가 늘어나고, 노부모와 손자녀와의 친근한 교류가 감소하고, 젊은 사람들 사이에 개인 중심적 생활 태도가 늘어남에 따라 전통적 가치가 경시되는 추세가 다소간 드러나고 있다.

이러한 시대적 변화와 맞물려 고령자의 존엄을 훼손하는 사례가 돌봄시설에서 가끔 엿보인다. 고통과 어려움을 겪는 고령자를 무시, 천대, 방치하여 존엄을 훼손하는 불상사가 발생하는 것이다(권중돈, 2022; 김미혜 & 권금주, 2008; 보건복지부, 2007; Pillemer & Finkelhor, 1988).

우리 사회는 초고령사회에 진입하여 건강한 고령자 수가 늘어나고 있다. 이분들이 장수하는 동안에, 값없고 쓸모없는 사람으로 멸시, 천대, 차별당하지 않고, 신체적 및 사회적 어려움을 극복하며, 존중되면서 생을 존엄하게 보내도록 하는 시대적 과업을 슬기롭게 다루어야 하겠다. 이 과업은 위에 제시한 고상한 전통적 가치를 새 시대의 사회복지 돌봄을 인간중시적으로 제공함으로써 슬기롭게 실현하는 일이다.

제8장에서 사회복지 돌봄에 관해서 해설, 제의하고자 한다.

연구할 과제

• 새 시대 사회적 맥락에서 고령자 존엄을 고양하는 실상
• 고령자 존엄의 당위성에 대한 공론

6

존엄과 가족

1) 존엄: 부모 · 자녀 관계에서 싹틈

전통적으로 인간관계를 규정하는 윤리적 규범으로서 다섯 가지 윤리-오륜(伍倫: 父子有親, 君臣有義, 夫婦有別, 長幼有序, 朋友有信)-가 받들어져 왔다. 이 가운데서 으뜸가는 규범이 부자유친(父子有親)-부모와 자녀 간의 친(親)한 관계-이다. 세상이 바뀌어도 변할 수 없는 인간으로서 마땅히 지켜야 하는 윤리적 관계이다(논어, 권1, 학이).

위와 같은 부모 · 자녀 간 친한 관계는 인간관계의 기본을 이룬다(퇴계, 성학십도, 인설; 윤사순, 2022). 부모 · 자녀 관계는 친밀하고, 따스하고, 계산하지 아니하고, 보답을 요구하지 아니하며, 서로가 직면하는 어려움과 문제를 걱정하면서 돌보아 주는 정(情)으로 차 있다.

이 관계에 대해서 사회학자 최상진(2012: 253)은 다음과 같이 해설한다.

부모와 자녀가 혈통(핏줄)을 같이함으로써 자연적으로 발생하는 인정(人情)은 처음에는 부모로부터 시작되나, 자녀는 성장하면서 사회화되는 과정에서 부모를 중시하는 심정을 간직하게 되고, 이어

이 심정은 부모·자녀 간 정을 주고받는 교환을 이루며, 이 교환이 점차 강화되어 간다. 이어 자녀는 부모에 대한 단순한 정과 친밀감의 차원을 넘어 고마움, 송구스러움, 공경심을 갖게 된다. 한편 부모는 자녀에 대한 애정, 측은지심과 더불어 친밀함으로 충만한 혈육(血肉) 의식을 갖게 된다.

이런 관계는 끊을 수 없는 감정적 유대로 이루어진다. 이러한 관계에서도 부모와 자녀는 서로가 마땅히 지켜야 할 도덕적 규범을 따른다. 이 규범의 대표적인 것이 서(恕)이다. 즉, "내가 원하는 것을 남에게 한다", "내가 서고자 하는 데 남을 세운다"라는 정신이며 인(仁)의 발현이다(퇴계, 성학십도, 인설). 자녀는 부모에게 그리고 부모는 자녀에게 서로 도움이 되는 것, 서로 바라는 것, 서로 바람직하다고 보는 것을 자진해서 너그럽게 주고받는 것이다.

한국 부모의 자녀에 대한 너그러운 정은 별나다. 우리의 부모·자녀 관계는 서양인들 사이의 개별적이고 독립적인 관계와 대조된다. 즉, 동일체감(同一體感: 같은 몸이라고 생각함)을 바탕으로 한다. 자녀와 부모를 한 몸이라고 보는 생각이다. 이러한 생각에서 부모의 기쁨과 고통은 자녀의 기쁨과 고통이 되고, 역으로 자녀의 기쁨과 고통은 부모의 기쁨과 고통이 된다.

흔히 한국 부모는 자식을 다섯 손가락에 비유하여 자식이 불행이나 고통을 겪을 때 부모는 자신의 손가락을 다쳐서 느끼는 고통으로 비유한다. 이는 자녀를 측은지심으로 돌보는 인간중시 의식을 암시적으로 알려주는 것이다(최상진, 2012: 251). 이러한 의식을 기틀로 돌봄을 받는 자녀는 부모를 자연적으로 존중하며 존엄을 받들게 되며 이런 행위는 아무도 끊을 수 없다고 본다.

인(仁)이 내포하는 인간존엄 사상은 그 출발에 있어서 위와 같은 가정에서의 부모·자녀 간 친함으로 이루어진 인간중시적 관계라고 본다(윤사순, 2022; 이동준, 1977; 정현숙, 옥선화, 2016).

2) 보은(報恩)의식과 존엄

혈통을 같이하는 데서 발생하는 깊은 정은 영아기·아동기에는 부모로부터 시작되나, 자녀는 자라나면서 사회화되는 과정에서 부모에 대한 관심을 가지고 걱정하는 도덕적 심정을 마음속에 간직하게 된다.

이러한 변화과정에서 자녀는 노쇠해지는 부모에 대해서 단순한 친밀감의 차원을 넘어 고마움, 송구스러움, 안타까움을 느끼는 동시에 부모 은혜를 갚으려는 보은의식(報恩意識)을 갖게 된다. 이 의식은 곧 부모를 존중하려는 의무감으로 전환한다(최상진, 2012: 253). 부모의 존엄을 받듦은 바로 이러한 부모 은혜를 갚으려는 의식에서도 발원한다고 본다(손인수, 1992; 윤사순, 2024; 도성달, 2012).

사실 부모님은 아래와 같은 가장 고귀한 은혜를 자녀에게 베푸시기 때문일 것이다.

- 낳아 주신 은혜(생산의 은혜)
- 길러 주신 은혜(양육의 은혜)

부모님은 몸을 남겨 주었을 뿐만 아니라 자녀가 성장하는 오랜 기간에 끝없는 온정과 측은지심으로 음식, 의복, 주거, 양호, 교육 등 온갖 유형의 정서적 및 물질적 돌봄을 제공하신다. 우리 사회의 부모는 다른 나라의 부모보다도 이런 점에서 뛰어나시다. 자녀는 이런 막중한 은혜에 감사하게 된다.

부모님으로부터 온정(溫情: 따뜻한 마음), 선의(善意: 착한 뜻) 및 덕행(德行: 덕스러운 행동)을 베풀어져 받는다. 오랜 세월 동안 대가를 바람 없이 측은지심으로 베푸신 온정, 선의 및 덕행은 글과 말로 다 표현할 수 없이 크고, 깊고, 높은 은혜라고 하지 않을 수 없다.

우리는 이러한 막중한 은혜를 베푸신 부모님에 대한 깊은 인간적 정을 간직하며 부모님을 옳게 돌보지 못해서 미안함과 한스러움과 같은 측은지심을 부지불식간에 무의식적으로 간직하고 있다(최상진, 2012: 250). 이런 정을 간직함은 한국인의 문화적 성향이라고 본다.

제18장에서 논의하는 이러한 성향은 곧 부모님의 존엄을 받드는 이타적 선행으로 이어진다고 믿는다. 최재식 교수(2009)는 한국 가족연구에서 위와 같은 특이한 인간관계가 소멸하였다는 증거는 나오지 않고, 그러한 전통적 가족관계가 남아 있다고 했다.

3) 존엄: 돌봄의 중심

존엄을 받든다 함은 사람의 인격, 사상 및 행위를 받들어 소중히

여기면서 겸손하게 예의를 지키며 어려울 때 돌보아 주는 인간중시
적 가치를 발현하는 것이다.

조선 유교의 중심인물 퇴계(退溪)는 부모 돌봄을 다음과 같이 밝
혔다(류승국, 1995; 박종홍, 1965).

"부모를 돌보는 것은 사람이 행할 가장 중요한 과업이며, 모든
착한 행동의 으뜸이고, 올바른 행동과 생활의 기본이다."
- 이황, 퇴계집, 무진육조소

퇴계는 이어 어버이 돌봄을 다음과 같은 측은한 마음으로 행해
야 한다고 역설했다(이황, 퇴계집, 서명고증강의).

"남을 사랑하고 이롭게 하는 따뜻한 마음으로서 사람의 마음속
에 담겨 있는 인(仁)이 발하여 존중하고 사랑하는 마음이 되며
이 마음에는 측은지심이 한결같이 통한다."
- 이황, 성학십도, 인설

이 가르침은 모든 사람에게 인간존중, 인간애, 측은지심 그리고
서의 가치를 발현하며 돌보아야 함을 역설한 것이다. 부모와 고령
자 존엄은 이러한 가치에서 우러나며, 이 가치를 중심으로 실행되
어야 한다고 믿는다.

- 한국 가족의 변화와 부모 존엄 고양
- 존엄이 싹트는 가족의 안정과 복지

4) 동아시아 나라의 공통성

한국이 속하는 동아시아 유교문화권의 중국, 일본, 대만 및 싱가포르는 가족 중심으로 노부모·고령자를 존중하며 존엄을 받드는 공통적 전통을 간직하고 있다.

노년학의 석학 G. Streib(1987)는 문화적 맥락에서 중국인과 미국인 사이에 고령자를 대하는 관습에 차이가 있음을 지적하였다. 그는 중국 문화에서는 젊은 사람들이 부모와 고령자에게 존중을 자동적으로(automatically) 표하며 미국인보다도 고령자를 더 잘 대우한다고 했다. 일본에서 태어나 그 나라 문화에서 생활한 노년학 석학 E. Palmore(1989)는 일본에서는 고령자 존중의 가치가 가족 및 사회구조(social structure) 속 깊이 스며들어 있다고 했다. 특히 부모와 자녀, 선생과 제자, 선배와 후배 간 관계에서 그러하다고 했다.

이러한 연구 보고는 한국 문화적 맥락에도 적용된다고 본다. 한국에서도 어린이 때부터 부모, 선생, 고령의 어른을 예의 바르게 정중히 대하도록 사회화되고 있다.

이 사실은 동아시아 가족이 가지는 부모와 고령자의 존엄을 받드는 공통적인 문화적 속성을 반영한다고 볼 수 있다(조지현, 오세균,

양철호, 2012; Sung & Hagiwara, 2009; Sung & Yan, 2007).

근년에 고령자 존엄과 관련된 전통적 가치를 높이기 위해 한국을 비롯한 일본, 중국, 대만 및 싱가포르는 정부와 민간이 합동하여 여러 가지 경로사업을 하고 있다. 고령자를 위한 경로효친의 법제화, 효행장려법(속칭 효행법), 노인복지법과 부모부양책임법의 제정, 장기요양보험 실시, 각종 존엄 케어를 위한 사회서비스 및 보건의료서비스 제공, 노인의 날과 노인존경 주간의 실시, 노인휴식센터(경로당 등) 운영, 효행상 시상 등은 그 예이다. 모범적으로 경로한 개인과 집단에 대해서는 매스컴을 통해서 보도되고 있다.

위와 같은 사업은 노부모 · 고령자의 존엄을 받들려는 동아시아 나라들의 공통적인 의식적이며 행동적인 휴머니즘을 발현하는 인간중시적 노력이라고 믿는다.*

연구할 과제

• 동아시아 여러 나라의 고령자 존엄 비교

---

* 중국은 노부모 존중을 행동화하도록 노인보호법(2014년 5월)을 공포하여 이 법 제17조에 '부모를 자주 방문하고 인사를 할 것'을 설정하고, 부모에 대한 무관심과 부모를 저버려 둠은 불법행위로 규정하였다.

7

존엄의 싹, 생명경외(生命敬畏): 이어지는 부모 자녀 관계

우리 문화에서 오랜 세월 동안 받들어져 온 윤리적 가치로서 "사람의 몸(신체)을 소중히 여기며 보호함"을 들 수 있다. 즉, 부모님이 주신 이 세상에 다시없는 나의 몸을 상하지 않으며 보존하는 것이다. 이는 곧 몸과 생명의 존엄을 중시하는 믿음과 가치(생명경외 生命敬畏: 생명을 공경하고 두려워함)를 표상한다.

유교 경전(효경 孝經)에 신체발부(身體髮膚: 몸, 머리카락, 피부)는 부모님으로부터 물려받은 것이니 이를 상하지 않고 소중히 간직해야 한다고 교시되어 있다. 퇴계는 이 가르침에 따라 신체나 머리카락이나 피부는 부모에게서 받은 것이니 이 존엄한 몸을 감히 다치고 상하게 하지 않는 것이 부모 돌봄(효)의 시초라고 했다(퇴계집, 서명 고증강의).

조선의 거유(巨儒) 율곡(栗谷)도 역시 부모로부터 받은 몸의 존엄함을 밝히고 이를 다스리는 데 대해서 다음과 같이 간곡히 가르쳤다.

"천하에 내 몸보다 더 소중한 것은 없다. 이 몸은 부모로부터 물려받았다. 천하의 어느 것과도 바꿀 수 없는 것이다. 이런 베풂을 하신 부모님을 극진히 모시지 않을 수가 있겠는가."

- 율곡전서, 권27, 사친장

위와 같은 두 거유(巨儒: 대유학자)의 타이름은 부모님으로부터 이어받은 나의 귀중한 몸과 생명을 존엄하게 다스리는 생명경외(生命敬畏)에 대한 가르침이다. 이 가르침은 곧 인간존엄(人間尊嚴)의 고귀한 가치를 밝히고, 이 가치를 마땅히 받들어야 함을 중시한 교훈이라고 믿는다. 한국 가족이 오랫동안 지켜온 문화적 가치이고 관행이다(이동준, 1997: 328-335).

이러한 생명 경의는 가족 중심으로 부모 존엄이 고양되는 또 하나의 사실이라고 본다.

8

사회복지 돌봄의 시발

앞서 거론한 바와 같이, 사회복지 돌봄은 전통문화적 가치를 새시대 사회 현장에서 실현할 수 있는 방법이다. 시대의 변화로 자체돌봄 기능이 저하된 가족이 많아짐으로 인해 사회복지 돌봄의 필요성이 늘어나고 있다.

고령자를 위한 사회복지 돌봄의 목적은 생활이 어려운 이분들에게 개인적으로 만족스럽고 사회적으로 바람직한 방도로 생활토록 인간화된 돌봄을 제공하는 것이다(양옥경, 2017; Gambrill & Gibbs, 2017; Hasenfeld, 1985, 성규탁 역). 이러한 돌봄을 제공하는 데는 무엇보다도 돌봄 대상인 고령자(고객 또는 노고객)의 존엄을 받들어야만 한다. 즉, 노고객이 인간으로서 이 세상에 태어날 때부터 자생적으로 간직하는 존엄성을 받들어 주는 것이다.

다음 경전에 실려 있는 말은 인간은 존귀하므로 존엄성을 마땅히 받들어야 함을 엄연히 가르치고 있다.

"천지의 기(氣)를 받아 생겨나는 것들 중에서 인간만큼 귀한 존

재는 없다. 이 귀한 인간을 위한 행위 중에서도… 존중하는 것
이 제일 중요하다."

- 효경, 성치장

존엄을 받든다 함은 노고객과 돌봄 제공자 간의 대면적(對面的)
상호관계에서 노고객을 인권을 간직한 존엄한 사람으로 대하면서
그분의 의견과 소망을 중요시하고, 그분의 자기존중감을 높여 주
며, 그분이 어려울 때 겸손하게 돌보아 주는 것이다. 이렇게 존엄
성을 받듦은 사회복지 돌봄의 시발점이며 핵심임이 밝혀지고 있다
(Gambrill, 1983; Sung & Dunkle, 2009; 노충래, 김정화, 2011; 양옥경, 2017).

돌봄을 옳게 실행하기 위해서는 제공자의 지식과 기술만으로는
부족하며, 그의 마음속에서 우러나는 인간중시적 정(情)으로써 고
객의 생명을 경외하는 정신으로 그분의 존엄을 받드는 원칙을 지켜
야 한다(최상진, 김기범, 2011; Sung & Dunkle, 2009; Rogers, 1977).

이렇게 돌봄을 인간화하는 원칙은 국내외 사회복지 돌봄 제공
자가 공통적으로 실행해야만 하는 엄연한 윤리적 규약이다(한국사
회복지사협회 윤리강령, 2023(수정); 일본사회복지사회 윤리강령, 2006; U. S.
NASW Code of Ethics, 2010).

1) 돌봄의 인간화

나라가 민주화되고 사람들의 사회복지에 대한 이해와 욕구가 증
대할수록 고령자가 필요로 하는 돌봄은 점차 다양화, 다중화 되고

있다. 이런 변화에 대응하여 발전된 나라마다 고령자 존엄을 고양하는 인간중시적 사회적 돌봄을 개발, 실행하고 있다.

이러한 발전적 맥락에서도 고령자를 비인도적으로 돌보는 불상사가 발생하는 것이 현실이다. 이런 문제에 부딪힐 때마다 되풀이되는 질문은 인간존엄과 관련된 것이다. 이 질문은 곧 고령자 돌봄을 실행하는 사회복지사 등 돌봄 제공자의 역할과 연계된다.

즉, 사회복지 전문직의 윤리적 원칙을 돌봄 제공자가 과연 준수하고 있는가? 질문하는 것이다. 돌봄 전문직이 규정해 놓은 윤리적 원칙에 따라 노고객을 돌보느냐? 하는 질문이다. 이 원칙은 어김없이 노고객의 인권을 존중하고 그분의 존엄을 받드는 데 대한 윤리적 규약과 직결된다. 앞서 거론한 한국적인 인간중시적 Humanism을 발현, 실행하는 데 관한 것이다.

더욱이 나라의 법으로 제정된 국민 존엄을 준수하느냐의 문제이다. 이러한 윤리적 규약은 고령자를 사회 현장에서 돌보는 사회복지 전문직이 발현해야 할 가치와 행동을 규정한 엄연한 규약이다. '고객을 존중한다', '이웃을 돕는다', '타인의 존엄을 받든다'와 같이 사람들이 마땅하고 올바르다고 믿는 윤리적 가치에 기틀을 둔 규약이다. 이 규약은 앞서 거론한 한국적인 인간중시-인간존엄- 가치를 기틀로 실행되는 돌봄의 유형과 방향을 알려주는 지렛대 역할을 한다고 믿는다.

2) 존엄: 사회복지 돌봄의 핵심

존엄은 인간의 기본권리에 기틀을 둔 가치로서 인간 돌봄-고령자 돌봄-에서 발현되어야 하는 핵심적 가치이다. 실천적 차원의 존엄은 사회복지 돌봄의 기본 가치인 윤리 도덕성을 발현한다. 즉, 인간중시 가치를 돌봄으로 전환, 실현하는 것이다.

한국 문화적 맥락에서 이런 가치를 기틀로 하는 윤리관과 도덕관이 면면히 살아 숨 쉬고 있다. 이런 맥락에서 인간존엄을 고양하는 마음과 행동이 이루어진다고 믿는다. 존엄은 모든 고령자를 위해서 공평하게 받들어져야 한다.

건강하고 생산적인 고령자, 신체적 및 인지적 기능이 저하된 병약한 고령자, 그리고 생의 말기에 간호를 받는 고령자, 이 모든 분을 다 같이 지지적(支持的)으로 존중하며 존엄을 받들어 주어야 한다(Borowski, 2007; Sung & Dunkle, 2009; 권복규, 김현철, 2009). 이렇게 하는 것이 돌봄 제공자의 의무이고 보편적인 인간중시 가치를 공평하게 발현하는 도리라고 믿는다. 사실 존엄은 개인의 권리와 자유를 존중하는 사회복지가 받드는 가치의 근본을 이룬다(Borowski, 2007; 노충래, 김정화, 2011).

존엄은, 재언해서, 인간중시 사상의 핵심이며 인권과 직결되어 있다(세계 인권선언, 1948). 윤리학자는 존엄은 마음만이 아니라 행동적 면이 겸해져야 한다고 정의한다(Downie & Telfer, 1969; Dillon, 1992). 즉, 존중하는 행동과 아울러 온정(empathy)과 동정(compassion)하는 측은한 마음으로 존엄을 받들어야 함을 지적한 것이다.

전술한 바와 같이 우리나라 학자들은 사람의 존엄을 중시하는 사상, 즉 인존사상(人尊思想)은 도덕의 근거이며 보편성(普遍性)과 실용적 타당성(實用的 妥當性)을 간직함을 밝혔다. 이들은 이 사상을 중심으로 하는 새로운 휴머니즘-인간중시 사상-을 고창한 것이다(윤사순, 2022; 도성달, 2012; 박찬구, 2006). 사람에게 봉사하는 사회복지 돌봄 제공자가 명심해야 할 고귀한 가치적 기틀이 제시된 것이다.

3) 사회복지 전문직의 핵심적 가치

고령자 돌봄은 마땅히 존엄을 받드는 돌봄이라야 한다. 사회복지사를 교육, 감독하는 한국사회복지사협회는 2023년 6월에 사회복지사 윤리강령을 개정하면서 특히 고객의 '존엄 고양'을 중심적 조항으로 설정하였다(한국사회복지윤리강령, 2023; 소셜워커, 2023년 6월호: Vol. 251 : 22-29).

즉, 동 협회는 인간존엄성의 존중과 사회정의 실현을 핵심 가치로 선정하고, 이 핵심 가치를 실현하기 위한 구체적 원칙을 다음과 같이 제정하였다.

"사회복지사는 인간의 존엄성과 가치를 인정하고 존중한다. 아울러 고객의 인권을 존중하고 자율성을 존중한다."

사실 우리는 이 원칙과 맞물리게 사람을 존엄시하는 가치를 고창하는 문화에서 살아온 겨레이다. 이러한 문화적 맥락에서 부모님은덕으로 내가 이 세상에 살아 있게 된 데 대해 감사(感謝)와 보은(報恩)을 함은 물론, 물려받은 값진 생명을 경외(敬畏)하는 마음으로 보존하며 존엄(尊嚴)을 받드는 의무를 우리는 중시해 왔다.

생명경외(生命敬畏)는 나의 생명의 존엄함과 아울러 사회의 뭇사람의 생명도 존엄하게 받드는 가치이다. 이런 가치를 지키는 관행이 우리 문화에서 가족 중심으로 오랜 세월 동안 실행되어 왔다. 이 관행은 두 가지 엄연한 사실을 가르쳐 준다. 즉, 부모님에 대한 존엄을 발현하고, 아울러 나 자신과 이웃 및 뭇사람에 대한 존엄도 인지하여 받드는 것이다.

사람 돌봄은 너그러운 마음가짐으로 이루어진다. 다른 사람의 복리를 북돋우어 주려는 마음에서 우러나는 선행(善行)이다. 이타적(利他的)인 착한 행동으로서 타인의 문제와 어려움을 나 자신의 문제와 어려움으로 수렴해서 나에게 고역이 되어도 그의 복리를 위해서 이타적으로 실행하는 덕행이다.

윤리학자는 돌봄은 타인에 대한 걱정이나 염려 이상의 실천적인 차원이 있다고 규정한다. 즉 도덕적 심정에다 존엄을 받드는 행동이 곁들어야 한다는 것이다(Downie & Telfer, 1969; Dillon, 1992).

4) 고객 존엄: 돌봄의 시발

참다운 돌봄은 고령자의 존엄을 받들면서 제공되어야 한다. 사실 이렇게 제공하는 것이, 위에 거론한 바와 같이, 사회복지 전문직의 규범으로 정해져 있다. 존엄은 노고객을 처음 만날 때부터 발현되어야 하며 그분과 제공자 간 상호관계(interactive demeanor)에서 언어적 및 비언어적 메시지를 교환하며 이루어질 수 있다(Borowski, 2023; Sung & Dunkle, 2009).

사실 고객을 위한 돌봄은 고객과 제공자 간의 다단계적 접촉과 교환을 통하여 이루어지는 것이다. 돌봄은 시간이 걸리고, 노고객에게 깊은 관심을 표하고, 그분에게 열린 마음으로, 정직하게, 귀담아 들어주며, 동정심과 온정으로 여러 단계에 걸쳐 제공되는 것이다. 돌봄을 수행하는 데는 이러한 마음뿐만 아니라 돌봄에 필요한 전문적 실력, 능력이 필요하다. 즉, 돌보는 방법, 기법, 사회적 기능, 대화, 교류, 소통을 행동적으로 마땅하게 실행해야 한다. 이렇게 해서 인간중시적으로 돌봄을 제공하면, 노고객은 그분의 존엄이 받들어지는 것으로 감지하게 될 것이다.

분명한 사실은 존엄은 노고객의 개인적 선택에 따라 이루어져야 하는 것이 아니라 그의 타고난 천부의 인권이기 때문에 이루어져야 하는 것이다. 하지만 노고객의 존엄은 돌봄제공자의 가치관과 그와 노고객 간 상호관계 그리고 사회복지 돌봄시설의 문화가 영향을 미치게 된다. 이러한 사실에 대해서 다음 장에서 살펴보고자 한다.

연구할 과제

- 돌봄 제공자의 윤리 규범 준수와 노고객의 존엄성 고양
- 고령자 존엄을 고양하는 사회복지 돌봄의 개발, 증진

9

존엄: 돌봄을 통해서 받듦

1) 사회복지 돌봄 제공자의 의무

위에 거론한 대면적 상호관계에서 제공자의 노고객에 대한 마음씨와 행동이 돌봄에 커다란 영향을 미칠 수 있다. 제공자가 인간중시적 가치를 발현하느냐 않느냐의 선택 문제가 제기되는 것이다. 이러한 선택을 하는 데는 윤리가 개재되어야만 한다. 즉, 제공자는 봉사하는 전문인으로서 위와 같은 윤리적 규범을 준수해야만 하는 것이다.

개인적 자유와 평등사상으로부터 윤리문제를 끌어낸 서양(西洋)의 윤리와 달리, 한국을 포함한 유교문화권(儒敎文化圈) 나라의 윤리는 가족적 관점에서 그리고 인간관계적 차원에서 윤리의 근거를 찾는다(윤성범, 1975; 손인수 외, 1977; Roland, 1989; 김낙진, 2004: 62-63). 이 가족 중심적이고 인간관계 중시적 성향은 곧 한국인의 속성이라고 본다. 위와 같은 윤리는 돌봄 제공자가 개입하는 개인, 집단 및 지역사회와 상호관계(인간관계)를 유지하는 데 지켜야 하는 원칙을 이루게 된다.

이 원칙에 따라 돌봄 제공자가 노고객 존엄을 받들기 위해 지켜야 할 사항으로서 다음이 포함될 수 있다.

- 존엄을 받든다.
- 정(情)으로 대한다.
- 측은지심으로 돌본다.
- 말과 행동을 겸손하게 한다.
- 성별, 사회적 계층 및 종교적 차이에 상관없이 공평성이 깃든 돌봄을 제공한다.
- 가족적 상호지원 관계를 중시한다.
- 노고객의 자기결정을 존중한다.
- 노고객의 사비밀을 지킨다.
- 노고객에게 개입 방법 및 절차를 알려준다.
- 돌봄조직(시설)을 노고객의 긍정적 변화를 인간중시적으로 이룩하도록 이끈다.

2) 공평무사한 돌봄

위의 사항을 공평성 있게 실행함은 퇴계(退溪)의 이일분수(理一分殊)의 원리를 실현하는 것이라고 본다(퇴계, 성학십도, 서명). 즉, 자신과 가까운 사람이나 먼 사람이나, 친밀한 사람이나 모르는 사람이나, 은혜를 입은 사람이나 아니 입은 사람이나 모든 사람을 공평무사하게 대우하는 원리이다(도성달, 2012: 123; 금장태, 2001).

퇴계의 다음 말은 이러한 원리를 뒷받침한다.

"돌봄이 필요한 사회적 약자인 어른과 어린이는 모두 나의 형제이며, 이들을 마치 나의 친족과 같이 사랑으로 돌보아야 한다."

– 성학십도, 서명

폐지와 빈 갑을 모아 팔아서 생계를 유지하며 몸에서 오물 냄새가 나는 고령자나, 몸치장과 의복을 잘 갖추고 향수 냄새를 풍기는 고령자나 다 같이 태어날 때부터 향유하는 존엄성을 간직하는 사람이다. 성별, 종교, 사회적 지위에 상관없이 모두가 이러한 존엄을 간직한 인간으로 공평하게 대접되어야 한다. 제공자는 모름지기 이와 같은 가치를 받들며 모든 돌봄 세팅에서 모든 노고객을 위한 돌봄을 차별 없이 공평하게 제공하여 인간화하는 과제를 감리, 수행해 나가야 한다.

보건의료 발전과 생활 수준 향상에 힘입어 고령 인구는 증가하는 추세이다. 이런 추세와 생산인력 감축에 잇달아 60대 후반에 들어서도 사회적, 문화적 및 경제적으로 생산적 활동을 지속하는 고령자 수가 증가하는 추세이다. 이런 긍정적 변동을 겪으면서 독립적이며 생산적인 생을 이룩하는 고령자에게 존엄을 받들면서 돌봄을 제공해야 한다.

돌봄 제공자는 노고객을 위한 돌봄 방법을 여러 가지 대안을 두고 선택하게 된다. 이러한 선택에는 위와 같은 존엄성 고양의 가치가 개재되기 마련이다. 즉, 고령자를 위한 사회복지 돌봄은 인간존엄을 받들어 제공하려는 신념으로 이루어져야 하는 것이다(양옥경, 2017; Jasson, 2013). 이런 신념은 우리의 전통적 인간중시 가치와 헌법의 국민 존엄 규정과 상통된다고 믿는다.

3) 돌보는 데 유의해야 할 사항

사회복지시설을 방문하는 고령의 고객은 신체적으로 허약하며, 사회적 활동이 감소하고, 자기 존중감이 저하된 형편에 처해 있는 경우가 많다. 돌봄 제공자는 이러한 노고객을 존중하며 존엄을 받들어 줌으로써 바람직한 돌봄 결과를 이룩할 수 있다.

우리의 문화적 가치와 국법은 인간존엄을 교시하였다. 이러한 가르침에 준하여 우리는 모름지기 존엄성을 간직한 노고객이 부딪히고 있는 문제와 어려움을 해소하는 돌봄을 실행함이 마땅하다.

노고객의 신체적 증상뿐만 아니라 그분의 사회적, 심리적 및 가족적 관점에 관해서도 관심을 두고 돌보아야 한다. 제공자는 복합적 문제를 가진 노고객을 위한 상담, 치유, 재활을 위해서 충분한 시간을 보내야 한다. 참을성 있게 그분의 말을 경청하면서 온정과 동정심을 발현함이 마땅하다. 그와 얼굴을 맞대고 손을 잡고 그의 어깨에 손을 대고 이런 심정을 표현할 수 있다.

심리치료의 원조 C. Rogers(1961: 82)는 치료자가 고객을 수렴하는 심정으로 존중할 것을 강조하며 고객에게 따뜻하고 긍정적이며 애정에 찬 반응을 보여야 함을 강조하였다. 이렇게 수렴된 고객은 안심하며, 긴장을 풀고, 어려움에서 오는 공포를 줄이게 된다는 것이다. 사회사업실천기법연구의 대가 E. Gambrill(1983, 2017)도 역시 사회사업가는 돌봄을 실천하는 데 고객을 존중해야 함을 강조하였다. 이들이 권장한 고객 존중은 곧 고객의 존엄 고양의 기틀이 된다고 본다.

연구할 과제

• 사회복지 돌봄 진행 과정에서 노고객의 존엄이 받들어지는 실황

10

고령자 존엄을 받드는 사회복지제도

발전된 한국은 노인복지를 위한 각종 제도, 정책 및 프로그램을 개발, 실시하고 있다. 이러한 실천 활동은 고령자의 존엄을 받드는 긍정적인 노력이라고 본다. 가족의 자체돌봄 기능을 강화하는 방법이다.

경로효친의 법제화, 효행장려법 시행, 노인생활 지원 및 장기요양제도와 더불어 기초연금, 노후준비지원, 노후자금대부 등이 운영되고 있다. 이어 노인존경 주간 및 노인의 날 실시, 웰다잉 운동, 효행상 시상 등이 노부모·고령자의 복지와 존엄을 권장, 증진하고 있다.

고령자는 노인복지관, 경로당, 요양원 및 일자리지원 센터를 활용할 수 있고, 독거노인을 위한 사회관계 활성화, 노인문화프로그램 운영과 정보화 교육, 치매 검진 및 관리비 지원, 노인실명 예방, 노인 치과치료 지원, 예방접종 등 사회복지 돌봄을 받을 수 있다. 새 시대 존엄 케어가 발전되고 있는 것이다.

다만 이 사회복지제도를 운용하는 데 막대한 나라의 재원이 소요됨에 따라 돌봄을 제공하는 횟수 및 기간이 한정되는 경우가 따른다. 즉, 지방정부의 재원 부족, 돌봄시설의 부실, 제공자의 돌봄기법 제한 등으로 인한 경우이다.

위와 같은 사회복지제도에 덧붙여 만 65세 이상 고령자 중 소득이 연 약 700만 원 이하인 분들에게 가정방문, 주간보호, 가사돌봄, 치매가족 휴가지원 등을 비롯하여 건강 및 안전 확인, 생활교육, 독거노인 · 중증장애인을 위한 응급안전알림, 노인보호전문기관 이용지원, 요금감면 등이 이루어진다. 장애가 있는 고령자는 장애인이 받을 수 있는 각종 돌봄을 겸해 받을 수 있다.

이러한 다양한 사회복지 돌봄 프로그램이 국가 재원으로 운영되는 사실은 고령자의 복리를 증진하고 이분들의 존엄을 받드는 한국의 전통적 인간중시 가치와 나라의 국민 존엄 법을 실천하는 의식적이고 행동적인 노력이라고 본다.

11

국제적 존엄 고양

국제적으로 사회복지 부문에서는 고객의 존엄이 받들어짐을 보고 돌봄이 사회복지 윤리강령을 준수하며 제공되었다고 판정한다. 즉, 인간중시적 돌봄(Humanized Care)이 제공되었다고 해석하는 것이다. 사회복지 돌봄에서 이러한 인간중시적 가치와 행동을 기틀로 판정함은 동양과 서양 사이에 차이가 없는 것으로 보인다.

세계적으로 고령자 존엄 운동이 전개되고 있다. UN은 인권선언(The Universal Declaration of Human Rights, 1948)을 통하여 모든 나라에서 사람이 존중되며 존엄이 받들어질 권리를 보장할 의무를 선포하였다. 이 선언 제1조에 "모든 인간은 자유와 동등한 존엄과 권리를 간직하고 태어났다"라고 규정되어 있다. 이어 1991년에는 고령자의 존엄(dignity)을 보장하는 UN 원칙이 채택되었다.

그리고 2002년의 마드리드선언(고령화 국제행동계획 선언, The Madrid Declaration: International Plan of Action on Ageing)은 고령자의 인권보장, 복지증진, 사회적 배려 및 지지를 감행할 각국 정부의 역할을 강조하였다.

한편 종말의료(생명 유지 및 중단 관련), 유전자조작, 인간복제 등과 관련된 윤리적 문제가 세계적인 과제로 다루어지고 있다. 세계의학협회는 헬싱키선언(The Helsinki Declaration, 1964)을 통하여 의학·의료에서 인간존엄을 지켜야 하는 윤리적 원칙을 공표하였다. 즉, 치료, 연구, 실험에서 특히 고령자의 생명, 건강, 자기결정, 사비밀을 엄중히 보장하여 인간존엄을 고양할 의무를 규정한 것이다.

위와 같은 일련의 국제적 협약에 맞물려 한국은 전통문화적 규범으로서의 고령자 존엄 고양이 통용되어 왔고, 현대적 국법으로 국민 존엄을 보장하고 있다. 이러한 전통과 법에 준거하여 고령자 존엄을 받드는 도덕적 태도와 행위가 판정되며 조정되고 있다. 다만 시대적 변동에 따라 이를 준수하는 강도가 달라지고 표현하는 방식이 수정되고 있다.

하지만, 이 책 후반에서 논술하는 바와 같이 고령자의 존엄은 문화적 차이와 사회복지 실행상 차이로 인하여 문화와 나라에 따라 상이한 현상이 드러나고 있다.

연구할 과제

• 고령자 존엄 고양에 대한 국제적 비교

12

고령자의 인적 자산(人的資産)

　고령자가 여러 해에 걸쳐 가족을 부양하고, 자녀를 양육하고, 직장에서 공헌하고, 후진·후학을 양성하고, 사회를 위해 봉사하고, 국가에 기여하고, 앞으로도 평생 축적한 경험, 지식 및 기능으로 국가와 사회에 기여하려는 정성과 신념에 차 있다는 데 대해서 올바른 평가를 해야 한다.

　출산율이 줄어들어 노동 인력이 더 필요하고, 보건의료가 발전되어 장수자 수가 늘고 있는 현대사회에서 60대, 70대에 이른 고령자의 생산적인 활동이 늘어나는 추세이다. 사실 고령자의 다수는 일할 의욕이 있고 합당한 일자리를 원하고 있다. 산업장, 경영계, 교육계, 기술연구계 등 직장에서 다년간 근속한 고령자로서 신체적 및 정신적으로 건전하고 일할 열의와 욕구가 있는 분들은 그동안 축적한 고귀한 경험, 지식, 기능, 지혜를 허무하게 소멸(消滅)하지 않아야 한다.

　다행히 고령자의 자원봉사활동이 기업경영과 교육연구 부문에서만이 아니라, 공익활동, 지역발전 및 사회복지 분야에서 늘어나고 있다. 이러한 활동과 아울러 고령자의 고귀한 인적 자산을 발전 도상에 있는 우리 사회를 위해서 여러 가지 창의적 방법으로 선용토록 해야 하겠다.

고령자는 이와 같은 활동을 통하여 생산적인 여생을 이룩하며 자신들의 사회적 위상을 높이고, 사람들로부터 존중되며 존엄시 되고, 스스로도 존엄함을 감지할 수 있다고 본다. 이러한 바람직한 변화가 일어나도록 인생 후기에 어려움을 겪고 있는 이분들의 존엄을 고양하는 사회복지 돌봄이 개발, 전달되어야 하겠다.

새 시대 고령화 사회가 인간중시 가치를 고령자 복지를 위해서 창의적으로 실현해야 할 긴요한 과제이다.

연구할 과제

- 한국 고령자의 인적 자산 활용 현황
- 고령자 인적 자산 활용에 대한 국제적 비교

13

존엄을 받드는 사회복지 돌봄: 전통 가치 및 법 규정의 실현
(실현 사례)

사회복지 윤리학자는 돌봄 제공자의 가장 무게 있는 과업은 고객의 존엄성을 받들며 돌봄을 제공하는 것이라고 단언한다 (Borowski, 2009; Reamer, 2013; BJSW, 2022; 노충래, 김정화, 2011). 이 과업은 바로 우리의 인간중시 전통문화적 맥락에서 나라의 법(헌법: 국민 존엄) 치하에 새 시대 휴머니즘을 사회복지 돌봄 현장에서 발현, 실행하는 것이라고 본다.

이러한 과업은 나와 다른 사람 관계에서 받들어질 수 있고 또 손상될 수 있다. 돌봄 제공자와 돌보아지는 노고객 간에 이러한 명(明)과 암(暗)의 관계가 이루어질 수 있다. 제공자가 지켜야 하는 엄중한 윤리강령은, 다시 말해서, 노고객의 존엄을 지키며 받드는 것이다. 발전된 민주주의 국가의 사회복지 전문직이 공통으로 숭앙하는 규약이다(한국사회복지사협회 윤리강령, 2023; 일본사회복지사 윤리강령, 2012; U. S. NASW Code of Ethics, 2017).

이 윤리적 규약에는 사회복지사는 개인, 집단 및 지역사회를 위한 돌봄을 실행하는 데 있어 존엄을 받드는 태도, 말, 행동을 해야 한다고 엄연히 규정되어 있다. 존엄은, 전술한 바와 같이, 사회복지 돌봄 세팅에서 고객과 제공자 간 대면적 상호관계에서 첫 번째로 발현되어야 한다(Reamer, 2013; Sung & Dunkle, 2009). 즉, 돌봄의 시발을 이룬다.

제공자는 노고객을 처음 만날 때부터 돌봄이 제공되는 모든 과정을 통해 그분의 존엄을 받들어 나가야 한다. 즉, 인권을 간직한 존엄한 노고객에게 겸손하고, 그분의 사상과 행위를 중히 여기고, 그분에게 너그럽고, 그분을 값있게 보고, 그분의 자기 존중감을 높여 주고, 그분의 어려움에 관해 관심을 갖고, 이를 해소하기 위해 온정으로 성심껏 도와주는 것이다.

윤리학자 R. Dillon(1992)은 존엄으로 이끄는 존중은 친밀한 사람들 사이에서 이루어지지만, 넓은 사회에서 친밀하지 않은 사람들 사이에서도 적용되어야 한다고 했다. 특히 존엄은 타인의 욕구와 복리, 나아가 타인의 사회성을 실현토록 돌보는 윤리적 기능을 한다고 정의하였다. 반대로 그의 사사로움을 범하고, 그를 멸시하고, 비난하고, 억압하고, 오만하면, 존중하지 못하는 것이며 존엄이 훼손됨을 밝혔다(Borowski, 2007; Reamer, 2013).

존엄을 받드는 데는 개인 마음속에 담긴 슬픔, 아픔, 분노, 고독을 풀어주는 돌봄도 필요하다. 이런 돌봄은 인간중시적 사회복지 돌봄이 이루어질 때 실행될 수 있다(김기덕, 2022; 노충래, 김정화, 2011). 고령자는 다양한 개인적 배경을 간직하고 있다. 제공자는 이런 다양성을 감지하고, 결코 이 다양성에 대해 무관심해서는 안 된다.

이러한 돌봄이 제공되어야 하는 사회복지 시설에서 고령자 존엄이 발현되는 사례를 들어 돌봄 실천의 밝은 면과 어두운 면을 살펴보고자 한다.

다음 3가지 사례는 우리의 전통 인간중시 가치, 나라의 국민 존엄 법, 그리고 새 시대 휴머니즘을 사회복지 돌봄을 통해서 발현, 실행하는 실례를 보여준다. 즉, 우리의 인간중시 가치를 고령자 존엄을 받드는 사회복지 돌봄으로 전환, 실현하는 사례이다.

이 3가지 사례는 다수 노부모-고령자가 거쳐서 가는 '건강할 때'(사례 I) → '요양보호 될 때'(사례 II) → '죽음에 이를 때'(사례 III)의 생의 단계에 걸쳐 존엄을 받드는 인간중시적 돌봄을 개략적으로 묘사한다.

사례 I. 건강한 고령자

사회복지 돌봄시설에서 건강한 고령자가 생산적 활동을 함으로써 존엄이 받들어지는 실례를 들어 보고자 한다.

근년에 전국적으로 실행되고 있는 고령자를 위한 '노인일자리사업'(시니어클럽)이다(노인일자리 및 사회활동지원사업 운영안내, 보건복지부, 2020). 생산적이고 건강한 노후생활을 영위하도록 다양한 일자리를 제공해서 사회활동을 지원하여 고령자 복지를 향상하는 사업이다. 이 사업은 다음과 같은 가치의 발현을 지향한다(한국노인인력개발원, 2001).

'고령자의 개별적 고유성 및 존엄성의 최대한 보장', 인간중시적으로 개개 고령자의 존엄 가치를 사회 현장에서 발현, 실천하는 사업이다. 이러한 사업을 실행하는 강남시니어클럽-일자리마련기관-의 활동을 들여다본다. 이 사업을 위하여 전문 사회복지사 20여 명이 종사하며 모범적으로 사업 운영을 함으로써 대통령상을 비롯하여 정부의 훈장과 포상을 받았다.

65세 이상 기초연금을 받는 건강한 고령자가 경제적으로 안정된 노후생활을 할 수 있도록 일자리를 제공하는 고령자복지시설이다. 노인복지법(제23조의 2 제1항: 노인일자리전담기관의 설치, 운영)에 준거하여 보건복지부 감독하에 한국노인인력개발원의 자문을 받으며 정부의 재정지원으로 운영된다.

이 기관은 고령자의 능력과 적성에 맞는 일자리지원사업을 전문적이고 체계적으로 수행하는 지역사회 소재 사회복지시설이며 민간법인체(사회복지법인 자광제단)에 위탁하여 운영되고 있다. 지역 특성에 적합한 사회서비스, 시장형사업, 노인인력활용, 청소년교육훈련, 지역연대 등 공익활동을 행한다. 이런 활동을 하도록 참여 고령자를 위한 교육, 훈련이 이루어진다.

사회서비스로서 노노케어(노인이 노인을 위해 하는 돌봄), 취약계층지원, 공공시설봉사, 공해방지제재, 문서행정지원, 보육시설지원, 공공딜리버리, 안전모니터링, 승강기안전점검, 지역주민의견조사, 보행로정보수집 등이 실행되며, 수익사업으로서 시험감독, 설문조사, 방과후지도, 독서지도, 영양급식지도, 모델시범, 단거리택배, 일용품생산, 생산품판매, 그리고 사업연계형인 재취업지원을 포함한 총 30여 종의 일이 실행된다. 매월 60여 시간 정도 일을 한다. 이러한 일을 하는 고령자의 자기만족과 성취감을 정기적으로 점검하고 있다. 점검 결과는 어김없이 대다수 고령자의 '매우 만족/대체로 만족'-'매우 높음/대체로 높음'으로 나타난다.

이 모든 사업을 건강한 고령자가 일할 의욕을 갖고 축적된 경험과 지혜를 활용하며 자립된 인격자로서 수입을 올리면서 자신의 값어치를 높여 이웃과 사회를 위해 생산적으로 일하고 있다. 그럼으로써 고령자의 인적 자산을 활용하여 사회적으로 존중되며 존엄이 받들어지고 있는 것이다.

따라서 시니어클럽은 건강한 고령자를 위하여 다음 구호에 걸맞은 인간중시적 돌봄을 실행하며 고령자의 존엄을 고양하고 있다고 볼 수 있다. 즉, 전통문화적 가치의 현대적 실현이 이루어지고 있는 것이다.

> 일하는 100세, 아름다운 시니어 참여, 존엄 고양, 나눔으로 활기찬 희망사회 만듦

덧붙일 사실은 이 사업에 참여하기를 소원하는(생활보호 대상자가 아닌) 일반 고령자 수가 해마다 크게 늘고 있다. 따라서 이 일자리사업을 정부와 사회는 과감하게 확장해 나가야 할 실정이다.[*]

---

[*] 카이스트(KAIST)(한국과학기술원)는 성공적 고령화 대응 전략으로서 고령자 재취업, 재훈련을 내세웠다(카이스트미래전략, 2021).

보완할 과제

위와 같이 노인일자리사업은, 전통적 인간중시 가치와 나라의 국민 존엄법을 숭앙하며 고령자에게 일자리 도움을 제공하여 이분들의 존엄을 고양하는 돌봄을 실천하고 있다. 존엄 가치를 돌봄(care & services)으로 실현하는 것이다.

하지만, 생활보호를 받지 않는 고령자로서 일자리를 구하는 분들이 해마다 증가하고 있다. 이들을 영입하여 일자리 혜택을 확대할 수 있도록 시니어클럽에 대한 재정지원과 인력증원을 증대할 필요가 절실하다. 정부는 일자리사업에 관심을 갖고 지원하고 있으나, 앞으로 더욱 과감한 지원을 해야 하겠다.

이러한 외부지원과 함께 다음 과업을 시도함으로써 고령자 존엄을 북돋우는 사업으로서 더욱 빛을 낼 수 있다고 본다.

- 일자리사업 참여 고령자의 가족을 위한 사회복지 돌봄 제공
- 각종 일자리 사업의 인간중시화-가치적 면-에 보다 더 많은 에너지 투입

연구할 과제

- 일자리사업이 고령자 존엄에 미치는 영향
- 고령자의 인적 자산의 창의적 활용
- 고령자의 자아실현을 위한 사업으로 질적 성장

사례 II. 병약한 고령자

노경에 들어 신체적 및 정신적으로 병약해지면, 존엄을 받는 데 어려움이 따를 수 있다. 고령자에 대한 사회적 처우가 부당하게 변질될 수 있는 것이다. 즉, 존엄의 발현이 위기(危機)에 부딪히게 된다. 예로 병약한 고령자를 돌보는 요양원의 경우를 들어 이런 위기에 대처하는 실황을 살펴보고자 한다.

요양원은 병약한 고령자를 돌보는 나라의 대표적인 사회복지시설로서 전통 인간중시 가치와 국민 존엄 헌법에 준거하는 고령자복지사업을 실행하는 기관이다. 요양원은 심신에 장애가 있는 고령자를 입원시켜 일상생활에 필요한 돌봄과 편의를 제공하는 기초적 보건을 포함한 사회복지 돌봄을 제공하는 존엄 케어 시설이다(최재성, 2017; 정승은, 이순희, 2009).

노인복지법(제34조)과 노인장기요양보험법에 따라 기초생활수급자, 장애인, 독거노인이 주된 돌봄 대상자이다. 노인 인구가 증대하는 맥락에서 요양원을 활용하는 병약한 고령자 수가 급증하고 있다. 심신의 장애가 있는 고령자가 인생 후기에 활용하는 요양시설이다.

대다수 요양원은 최소한의 돌봄 인력으로 최대 수의 노입원자를 돌봄으로써 경제적 실적(효율성)을 올리도록 운영되고 있다(성기월, 2005; 김성희, 남희은, 박소진, 2012). 제한된 공적 지원과 입원 고령자의 납부금으로 운영되고 있지만, 저소득층 병약한 고령자가 필요로 하는 급식, 간병, 물리치료, 신체활동, 주거생활, 24시간 보호 등 긴요,

불가결한 존엄 케어를 하고 있다. 이러한 돌봄을 필요로 하는 병약한 저소득층 고령자 수는 해마다 늘어나고 있다(최재성, 2017; 유성호 외, 2009).

가족적 돌봄을 마땅히 받지 못하는 병약한 고령자가 인생 후기를 존엄이 받들어지며 보낼 수 있는 시설이다. 이러한 요양원은 다음과 같은 밝은(明) 면을 보여주는가 하면 어두운(暗) 면도 보여준다.

이어 나가야 할 밝은 면

가족의 돌봄 기능이 약한 병약한 고령자가 절실히 필요로 하는 급식, 간병, 물리치료, 신체활동, 주거 제공, 24시간 보호 등을 하며 존엄 케어를 무료 내지 저비용으로 제공하고 있다.

개선되어야 할 어두운 면

- 돌봄의 균일화

노입원자를 위한 일상적 돌봄의 균일화 현상이 드러났다(이경희, 2016). 노입원자들 모두가 아침 6~7시에 기상하고, 저녁 10~11시에 취침하는 동안의 일과(교육, 운동, 여가풀이 등)는 시간적으로 미리 짜여 있고, 그동안에 이루어지는 돌봄과 활동은 노입원자 개개인의 욕구와 필요에 구애치 않고 균일화되어 있다.

균일화를 축소, 해소함으로써 노입원자 개인의 선택권과 자율성을 보장하는 데 힘써야 한다. 개인의 가슴속에 담긴 슬픔, 아픔, 고독을 풀어줄 수 있어야 한다. 그럼으로써 고령자 스스로 자기 존엄의식을 감지토록 해야 한다.

- 인간중시적 돌봄 부실

인간중시적 돌봄-가치적 면-에 많은 에너지를 투입해야 한다. 즉, 개개 노입원자와 도덕적인 상호관계를 이루며 인간화된 돌봄을 실행하는 데 노력해야 하겠다.

- 재활 가능성 인정

노입원자를 회복, 재활할 수 있는 주체로 보아야 한다. 요양보호를 받음으로써 사회활동을 다시 할 가능성이 있다는 사실을 인정하여 인간중시 가치를 발현해야 한다. 즉, 성숙한 성인으로서 보다 나은 삶을 이룩해 나갈 수 있는 존엄한 인격자로 대우해야 한다.

- 가족관계 및 사회관계 지원

노입원자가 가족과 친근한 사람들과의 관계를 지속하도록 도와야 한다. 한국적인 가족 중심적이고 인간관계 중심적인 성향을 존중해야 한다.

이러한 노력과 아울러 돌봄 제공자를 증원하고, 이들에 대한 보상과 대우를 증진, 개선하여 이들이 솔선해서 인간중시적으로 존엄을 고양하는 돌봄을 제공토록 이끌어야 한다.

- 돌봄의 균일화와 개별화가 존엄에 미치는 영향
- 가족관계 증진
- 요양원의 인간중시적 가치 고양

사례 III. 임종 고령자

고령 인구가 크게 늘어나는 우리 사회에서 인생 종말을 존엄하게 보내도록 하는 고령자 돌봄에 대한 관심이 높아지고 있다(홍석영, 2004; 권복규, 김현철, 2009; 최희경, 2013; 김기덕, 2022). 임종에 이른 고령자는 질환으로 인하여 자신을 통제하기 어렵다. 따라서 돌보미는 이런 고령자가 존엄하게 생의 질을 높이도록 하고 고령자 자신도 존엄을 스스로 감지토록 지지하며 돌보아야 한다.

앞서 지적한 바와 같이 고령자를 위한 돌봄의 극치를 이루는 요건은 존엄을 받드는 것이다. 임종 고령자의 존엄을 받듦은 돌봄 실천의 시발이며 인간존엄 가치 발현의 극치를 이룬다. 신체적, 정서적, 사회적 및 영신적 돌봄을 제공하여 평안한 종말을 이루도록 해서 존엄을 고양하는 호스피스-완화의료를 실행하는 종말 간호가 중대한 과제로 등장한 것이다(Roth, 2023; 김기덕, 2022).

종말 간호를 이러한 호스피스-완화의료와 유사한 임종환자 돌봄으로 본다. 재가(在家) 간병을 주도하는 가족을 비롯하여 의사, 간호사, 사회복지사 등 돌봄 제공자는 이 과제를 인간중시적으로 수행하기 위한 방법을 창안, 실행할 시대적 도전에 부딪히고 있다. 이 과제를 가정, 요양원, 병원, 혹은 임종시설에서 행하는 돌봄 제공자는 의사, 간호사, 사회복지사, 가정보건보조원, 그리고 간호 지도를 교육받은 자원봉사자이다. 가족은 물론 성직자가 동참한다.

돌봄 대상자는 대개 암, 심장질환, 간질환, 치매 등을 앓고 있는 고령 환자이다. 이분들을 위해 신체적 및 정신적 고통을 줄이는 완화의료 행위와 아울러 사회적 및 정서적 돌봄에 초점을 맞추어 평안한 삶을 이루도록 하여 존엄한 임종을 준비토록 하는 돌봄이다 (타케우치, 2010).

의사는 종말 환자의 통증, 호흡곤란 등을 완화하여 안락도록 하는 의료를 담당하고, 간호사는 환자를 돌보면서 그를 안락하게 돌보도록 가족과 돌보미를 교육, 지도한다. 사회복지사는 정서적 지원, 상담, 비용관리에 관한 조언을 하며 돌보미들이 상호 협동토록 조정한다. 보건보조원은 청소, 목욕, 의복, 용모 다듬기, 몸가짐, 약물복용, 식사 등을 돕고, 자원봉사자가 환자를 돌보도록 지도하며 돌보는 데 필요한 장비 및 기구를 갖추고, 가족이 돌볼 수 없으면 외부의 돌봄 세팅에서 돌보아지도록 주선한다. 이들은 정규적으로 방문과 전화 연락을 하며 환자와 가족을 지원한다(최희경, 2013; Roth, 2023).

하지만, 종말 고령자를 돌보는 데는 주로 가정 세팅에서 가족원들이 깊이 개입하게 된다. 힘든 돌봄으로 흔히 소진하는 이들에게 휴식할 시간과 기회가 제공되어야 한다. 가정형 돌봄 외에 입원형 돌봄이 있고, 자문만을 받는 방식이 있다. 이러한 돌봄에 드는 비용이 의료보험 혜택이 늘어남에 따라 약간씩 줄어들고 있다.

종말간호는 인간중시 가치를 발현하여 고령 환자의 소망과 행복을 생의 마지막까지 존엄을 받들며 이룩하도록 하는 돌봄이다. 이를 위해 가족과 돌봄 제공자는 환자를 생의 끝까지 지속적으로 만나 주고, 고통을 줄여 주며, 안락, 평안하도록 돕는다. 생의 종말에 임하여 요양, 보호되는 고령자는 외로움과 소외감에 싸여 있다. 이런 임종자의 곁을 지키는 것은 그가 아직 죽지 않고 우리와 함께 사랑과 존중을 받으며 살고 있다는 증표가 된다.

다음과 같이 존엄이 고양되도록 돌보는 것이 마땅하다.

"곁에서, 떠나지 않고, 지켜주며, 사랑과 존중을, 생의 마지막에 이르기까지, 지속적으로 표한다." 그럼으로써 "환자가 자기를 홀로 놓아 두지 않고, 가족, 친지 및 돌보미가 그와 함께 온정과 존중으로 대화하며 돌보아 주고 있음을 감지하여 편안하고 안락하도록 한다."

이렇게 인간중시적 가치를 발현하는 돌봄을 받으면서 품위 있게 존엄한 죽음을 이룩하도록 성심껏 도와준다. 온정, 존중, 측은지심을 발현하며 생을 경외(敬畏)하는 마음으로 돌보아 주는 것이다. 고령자의 종교적 신조에 따라 의식이 갖추어진다.

인간중시적 전통 이념, 국민 존엄 국법 그리고 새 시대 휴머니즘이 이런 말기 돌봄을 실행토록 이끄는 강한 힘으로 작용한다. 이 종말간호 또한 전통 가치를 현대적 실현으로 전환하는 것이다.

보완할 과제

- 종말간호 방법 개발

종말 돌봄은, 위와 같이, 한국 문화적 맥락에서 실행되는 인간존엄 가치를 발현, 실천하는 돌봄이다. 고령화 사회에서 그 필요성이 더해 가는 이러한 돌봄에 대하여 사회복지학계와 간호학계는 의료보건학계와 제휴하여 한국 문화적 맥락에서 이를 바람직하게 실행하는 방법을 창안, 개발하는 데 에너지를 투입해야 하겠다(노충래, 김정화, 2011; 타케우치, 2010).

- 종말돌봄 비용 부담

다수 가족은 이 비용을 부담하기 어려운 실정이다. 종말돌봄에 대한 비용은 가족 또는 제3자(보험회사 등)가 부담하는 경우가 많다. 호스피스 겸 완화의료를 행하는 데는 요양시설비, 의료비, 시설기구사용비, 돌보미 수당 등 비용이 든다. 나라의 의료보험이 개발되어 이런 비용 부담이 소폭으로 줄어들고 있기는 하다. 하지만 사회복지, 의료보건, 민간복지 단체 및 지방정부의 저소득 가족의 종말돌봄에 대한 재정적 부담에 대한 각별한 관심과 대책이 요망된다.

가족의 비용 부담 능력에 따른 임종돌봄의 내역에 대해서 다(多)전문직이 협동하여 체계적으로 조사, 연구해 나가야 하겠다.

- 한국 전통문화에 걸맞은 종말간호
- 재가 간병인 지원
- 가족 부담 종말간호 비용을 보충하는 보험
- 종말간호의 전문화 및 보편화

이상과 같이 건강하고 생산적인 고령자, 병약한 고령자 및 임종에 임한 고령자를 위한 돌봄의 밝은(明) 면과 어두운(暗) 면을 들여다보며 전통 인간중시 가치를 현대적 맥락에서 존엄을 받드는 돌봄으로써 실현하는 데 관하여 탐사, 논의하였다.

14

존엄의 고양 및 훼손

전술한 바와 같이 사회복지 윤리강령은 고객의 존엄을 받들면서 돌봄을 제공해야 함을 엄연히 규정하고 있다. 하지만 유감스럽게도 어느 돌봄전달 과정에서는 고객의 존엄을 훼손하는 비윤리적 불상사가 발생하는 실정이다.

다음에 사회복지 돌봄 세팅에서 존엄을 받드는 요인과 훼손하는 요인을 분별해 보고자 한다.

1) 존엄을 받드는 요인

노고객을 인격과 권리를 간직하고, 경험과 지혜를 갖추고, 가족과 사회에 이바지하고, 성숙한 성인이고, 독립성을 갖추었다고 인식하면서 존엄을 받들 수 있다.

돌봄을 받을 노고객을 접수하는 돌봄 제공자는 먼저 다음을 실행함이 바람직하다.

- 노고객이 인권을 간직한 존엄한 사람임을 염두에 둔다.
- 노고객의 존엄을 받드는 마음이 담긴 말로 겸손하게 대화를 한다.
- 노고객의 소견과 가치관을 존중한다.
- 노고객의 문제를 그분의 이야기를 다 듣고 나서 판단한다.
- 노고객이 알 수 있고 받아들일 수 있게 분명하게 말한다.
- 노고객을 비판하거나 강의식으로 말하지 않는다.
- 노고객의 가족관계, 성별, 나이를 염두에 두며 겸손히 예의 바르게 대한다.
- 노고객의 문제를 무시하거나 가볍게 보지 않는다.
- 노고객을 도와주는 행동을 적극적으로 한다.

위와 같은 사항을 실행함과 아울러 고객의 존엄을 받드는 다음과 같은 구체적 요건을 더불어 실행할 수 있다. 저명한 영국의 사회복지 윤리의 대가 Borowski(2023)가 고객 존엄을 받들 수 있는 요건으로 제시한 것이다.

고객을 정상적인 사람으로 대해 줌

고령자(노고객)가 돌봄시설을 방문하면, 그분이 누구인가를 바로 인정하고, 그분이 어떤 문제나 어려움을 가져 이를 해소하려고 왔는가? 곧바로 파악해야 한다. 이런 접수과정에서 그분이 한 사람의 인격을 갖춘 존엄한 사람으로 받아들여져야 한다.

고객을 성숙한 성인으로 대해 줌

노고객은 자기와 제공자가 다 같이 동등한 인격을 갖춘 성인(成人)으로 대우받기를 원한다. 그분은 필요한 돌봄을 받지만 삶을 이룩해 나가려고 애쓰는 존엄한 사람으로 대우받아야 한다.

고객을 돌봄 참여자로 대해 줌

노고객을 돌봄 과업에 제공자와 함께 참여하는 권리와 자격을 가진 존엄한 사람으로 대하는 것이다. 사실 그분이 돌봄과정에 참여하여 제공자와 협동하지 않고서는 돌봄을 효과적으로 수행할 수 없다.

고객을 제공자와 동등한 인격자로 대해 줌

제공자는 노고객을 자기와 동등한 인격을 갖춘 사람으로 대우하면 어려움을 더 잘 풀 수 있다. 이런 관계가 이루어지면 제공자는 노고객을 멸시하거나 푸대접하지 않고 전문직자로서의 거리를 두면서 노고객의 존엄을 받들면서 신뢰성이 짙은 상호관계를 이루게 되며, 노고객은 문제를 제공자에게 소상히 진술하여 효과적인 돌봄을 이룩할 수 있다.

2) 존엄을 훼손하는 요인

다양한 문제를 가진 노고객을 돌보는 데는 어려움이 깃들 수 있다. 어려운 상황에서도 돌봄 제공자는 노고객의 존엄성을 해치는 경우를 식별할 수 있어야 한다.* 유감스럽게도 사회복지 돌봄을 실천하는 현장에서는 아래 열거한 사항과 같이 노고객의 존엄을 훼손하는 경우가 흔히 발생한다. 이러한 사항도 역시 전술한 영국 학자(Borowski, 2022)가 제시한 것이다. 우리나라에서도 발생할 수 있는 존엄을 훼손하는 비인간중시적 행동이라고 본다.

물건 취급(노고객을 물건(物件) 또는 건수(件數)로 취급하는 경우)

노고객은 때로는 사람이 아닌 서류 파일, 숫자 또는 번호로 취급되는 경우가 있다. 사회복지시설에서는 고객을 접수하면, 돌봄을 시작하기 전에 고객을 분류하여 서류 파일에 접수번호를 매긴다. 하지만, 이런 고객 분류가 과도하게 되면 고객 존엄을 훼손할 수 있다. 즉, 노고객을 미리 규정된 규격에 맞추어 분류해 버리고, 그 규정된 규격에 맞는 돌봄만을 제공하게 된다. 이렇게 되면 고객 개인의 인성과 특이한 문제를 가볍게 보거나 무시할 수 있다.

공간 취급(노고객을 인격자가 아닌 돌봄 대상으로 취급하는 경우)

시설을 방문하는 노고객을 아무도 대응해 주지 않고, 접수 절차도 취하지 않는다. 시설 운영비가 부족하여 시설 당국과 사회복지사는 고객 문제에 대한 우선순위를 미리 정해 놓고, 이 순위에 따라

---

* 지난 5년간 우리나라 국가인권위원회(國家人權委員會)에 제출된 상담과 민원이 가장 많은 사항은 인간의 존엄을 훼손한 것으로 나타났다(한국인권위원회 연차보고, 2022).

고객을 돌본다. 이 순위에 들어 있지 않은 고객은 돌봄을 요청해도 반응이 없고, 문제가 심각해도 돌보아 주지 않는다. 고객은 고통을 받고 있어도 무시당하고, 방치되어, 마치 빈 공간과 같이 취급되어 버린다. 이 또한 존엄을 훼손하는 경우이다.

어린이 취급(노고객을 어리석고 분별성 없는 대상으로 낮추어 보는 경우)

제공자는 흔히 노고객의 경험, 지식, 능력을 중요시하지 않거나 무시하는 경우가 있다. 이렇게 되면 노고객은 어리석고 볼품없이 마치 어린이와도 같이 취급된다. 제공자는 고객이 서류를 읽을 수 없는 무식자로 보고 그 서류를 큰 소리로 낭독한다. 게다가 고객이 하는 말을 귀담아듣지 않는다. 제공자가 고객보다 더 많이 알고 더 유식한 채 행동한다. 고객은 우매하고, 분별성이 없는 어린이로 취급되는 것이다. 제공자가 고객보다 더 훌륭하고 더 귀한 존재로 탈바꿈하게 되어 고객의 존엄을 훼손하게 된다.

괴상한 사람으로 취급

다양한 사회적 및 신체적 문제를 가진 일부 노고객은 흔히 사회적 규범에 알맞은 몸가짐과 옷차장을 하지 못하고, 헐벗고 누추한 생활을 하기 때문에 정상적이 아닌 괴상한 인물로 취급되거나 낙인찍히게 된다. 제공자는 이런 노고객을 괴물로 취급하여 차별하며 돌봄을 거절하거나 취소하게 된다. 존엄이 크게 훼손되는 경우이다.

위와 같은 사항은 곧 돌봄을 받고자 하는 노고객의 인격을 낮추

어 보고, 자존심을 멍들게 하고, 사람으로 취급하지 않으며, 존중하
지 않고, 이분의 존엄을 훼손하는 비윤리적, 비인도적, 비인간중시
적 처우이다.

연구할 과제

• 한국 문화적 맥락에서 존엄이 훼손 또는 고양되는 실상

15

학대 예방

노부모와 고령자의 존엄을 훼손하는 심각한 요인으로서 학대를 들지 않을 수 없다. 앞 장에서 영국의 Borowski 학자는 학대(abuse, maltreatment)를 존엄을 훼손하는 요인에 포함하지 않았으나, 영국에서도 학대가 발생한다고 본다.

그런데 우리 사회에서 이러한 비인륜적 불상사의 대부분이 가정, 가족에서 발생한다고 알려져 있다(2022년 노인학대현황보고, 보건복지부; 박영수, 2017). 멸시, 무관심, 방치, 차별, 욕설, 폭언, 폭행, 금전 탈취, 의식주 제공 거부 등으로 학대하는 현상이다.

고령의 가족원을 포함한 모든 고령자는 이들의 존재 자체로 존엄하다. 이러한 고령자를 존엄을 간직한 돌봄 대상으로 인정하고 수렴하는 가족과 사회의 진지한 노력이 필요하다. 이런 노력으로서 전문적 사회복지 돌봄을 제공하는 사회복지사는 심리적, 행태학적 및 사회환경조정 기법을 적용하여 복잡한 학대 문제를 해소, 치유, 예방하는 접근을 한다(나용선, 김나영, 2004). 이러한 노력을 통해 고령자 학대를 예방하는 차원을 넘어 고령자 존엄을 실현하는 가족과 사회가 이룩되어야 한다.

이 책에서는 위와 같은 사회복지적 접근에 대한 해설을 생략한다.

연구할 과제

• 학대 예방 방안

16

존엄의 고양 및 훼손: 국제적 사례

1) 사회복지 돌봄과 직결된 존엄고양법 제정:
북유럽 4개국(Norway, Denmark, Sweden, Finland)의 경우

인간존엄을 고양하기 위한 법을 사회복지 돌봄과 직결해서 북구 (北歐) 4개국-노르웨이, 덴마크, 스웨덴, 핀란드-이 재정, 시행하고 있다. 노인복지, 사회복지에서 앞서 있는 이 4개국은 고령자의 존 엄을 고양하는 데 대한 국가와 사회의 관심이 다대하다(Clancy et al., 2020; Consonni et al., 2023; Nordic(Denmark, Finland, Norway & Sweden) statement - 7th Assembly, Vancouver 22-25 August, 2023).

노르웨이에서는 2011년 '존엄보장'(The Dignity Guarantee)이라는 법을 제정하였다. 이 법은 고령자가 보건-복지 분야의 돌봄을 받을 때 존엄이 받들어져야 한다고 규정했다.

핀란드는 고령자 돌봄법(The Act for Elderly Care and Services)을 2013년 제정하였는데 이 법은 고령자에게 장기요양-존엄 케어-을 제공할 때 존엄을 받들면서 안전하고 바람직한 삶을 이룩하도록 해야 한다고 규정하였다.

덴마크에서는 고령자의 삶의 질을 높이고, 자치권을 보장하고, 여러 유형의 통합된 보건-복지 돌봄을 제공하며 사망 시 존엄을 받들어 장례를 치르도록 규정해 놓았다.

스웨덴은 국립건강복지관리청이 고령자를 돌보는 데 지켜야 할 기본적 가치로서 사회복지법에 특정한 조항을 설정했다. 즉, 행복-건강을 보장받으며 존엄한 삶을 이룩하도록 함을 규정하였다. 돌봄 제공자가 고령자의 사생활과 인격을 존중하고, 자기결정권, 참여 및 개별화를 보장하며, 온정과 겸손으로 돌봄을 제공해야 함을 법제화한 것이다.

이 나라들은 고령자 존엄을 고양하기 위한 위와 같은 사회복지 돌봄을 나라의 법으로 규정, 시행하여, 다른 나라들보다 고령자 존엄 가치를 발현, 행동화를 하는 데 앞서 있다.

2) 존엄의 훼손을 뉘우침: 미국의 경우

다음은 고령자 존엄을 받들지 못한 데 대해서 회계, 성찰하는 미국 지식인들의 말이다. 미국 문화에서는 고령자를 무가치하다고 보고 멸시, 소외, 차별하는 풍조가 엿보인다. 이와 같은 바람직하지 못한 풍조에 대하여 미국 의료계의 저명한 의학자들은 다음과 같이 스스로 뉘우치며 자가(自家) 비판을 하였다(Reichel, 1995; Coons, 1995; Cassel, 1992).

"우리 미국의 돌봄 제공자들은 고령의 환자를 쓸모없고(useless), 중요하지 않고(insignificant), 값없다고(worthless) 보는 시각을 흔히 갖는다. 사실 이렇게 고령 환자를 존중하지 않고(lack of respect), 가치가 없다고 평가하는(devaluation) 사례는 일반적으로 돌봄시설, 직장, 공중매체, 홍행가 등에서 엿볼 수 있다. 고령 환자를 마음에서 우러나는 온정(compassion)으로 존엄을 받들면서 돌보지 않는 것이다."

"우리는 모름지기 고령자의 말을 귀담아듣고, 이분들의 어려움을 이해하고, 동정하는 마음과 행동으로 존중하며 존엄을 받들어 주어야 한다."

"우리 미국의 의료계에서 고령자에 대한 위와 같은 비인간적 처우가 계속 이루어져 나가서는 안 된다."

"인류학자들은 우리와 다른 문화와 나라에서는 고령자는 존중받으며 존엄하게 대우받는다는 사실을 알려주고 있다."

이어 이들 미국 의료인은 환자를 존중함은 치료적 효과(therapeutic benefit)가 있다고 제언했다(Coons, 1995; Cassel, 1992). 즉, 환자와 치료자인 의사 관계를 건전하게 이루도록 하는 힘이 된다는 것이다. 이렇게 함으로써 환자의 존엄을 받들어 의료를 보다 더 인간중시적으로 실행할 수 있다고 역설하였다.

이들은 다가오는 시대에는 고령자의 정년 은퇴제를 폐지하고,

이분들이 미국 사회의 존엄한 인적 자원으로서 국가사회에 기여토록 해야 한다고 역설하였다. 이렇게 하여 고령자에 대한 멸시, 천대, 획일화하는 stereotype 시각을 제거하고 이분들이 값있는 인적 자원으로서 올바르게 존엄이 받들어져야 한다고 강조하였다.

이어 이들 미국의 의료 제공자는 모름지기 고령자는 풍요한 경험과 심오한 지식을 간직하며 여러 해에 걸쳐 사회와 나라를 위해서 기여하였음을 깨닫고, 이분들에게 감사하고 마땅한 돌봄을 제공하여, 중단 없이 존엄을 받들어 주어야 한다고 다음과 같이 역설했다.

> "고령자는 우리에게 베풀어 줄 수 있는 다대한 힘을 보유하고 있는 인적 자산이다. 이분들이 가족 및 사회생활에 동참해서 평생 쌓아온 경험과 지식을 우리 사회를 풍요토록 만드는 데 이바지하도록 해야 한다."

고령자들의 일부는 노후생활의 질을 높이기 위해 가족과 사회의 돌봄이 필요하다는 사실도 인지, 수렴해야 한다고 부언했다.

한편, 미국의 저명한 사회윤리학자 R. Bellah 외(1985)는 미국 사회는 개인주의 가치관에 얽매여 다른 사람을 위한 사명과 희생의 도덕적 행동을 망각하고 있다고 비판했다. 그는 이렇듯 미국 사회의 비도덕적인 실상에 대해 비관적 견해를 토로하였다. 하지만, 그는 앞으로 미국 사회가 고령자에 대한 관대한 태도를 간직하고, 젊은 세대가 종교적 가르침에 따라 이분들을 존중한다면 미국인은 이런 어려움을 극복할 수 있다고 희망적으로 논평하였다.

윤리학자 Reamer(2013)는 미국 사회가 지향하는 종국적 가치는 사람을 차별 없이 존중하며 존엄을 받드는 것이라고 했다. 인간존엄을 받드는 인간중시 가치를 발현하는 데 대한 가르침이라고 해석할 수 있다.

이상은 미국 사회에서 고령자의 존엄이 훼손된 데 대해서 스스로 비판하며 성찰하는 실례를 들어 본 것이다.

연구할 과제

- 고령자 존엄의 고양 및 훼손에 대한 비교문화적 탐사

17

존엄을 받들기 어렵게 하는 고령자의 문제

일반적으로 고령자는 다음과 같은 문제가 있으면 존엄을 받기 어렵게 된다고 본다(Clancy, et al., 2020; 타케우치, 2010).

신체적 및 정신적 질환을 가지는 경우

질환을 갖고 스스로를 돌볼 능력과 독립성을 상실하게 되면, 값 있고 존엄한 인격자로서 인정받지 못할 수 있다. 그렇기에 고령자는 질환에 대한 불평이나 고통을 나타내지 않고 숨기거나 침묵하며 정상적인 모습을 보여주려 애쓰는 경우가 있다.

온전한 인간으로서의 존재를 인정받지 못하는 경우

고령자의 말과 뜻을 수렴해 주면서 그분을 자율적인 인간으로 취급해 주지 않으면, 존엄은 훼손될 수 있다. 여러 조사에서 온전한 인간으로 인정되지 못하는 것이 고령자의 가장 불만스럽고 고통스러운 문제임이 밝혀졌다.

사회적 관계에 참여하지 못하는 경우

고립, 격리되어 사람들과의 사회관계가 없어지고, 돌봄 세팅에서 배제, 격리되어 돌봄 서비스에 참여하여 의견을 나누지 못하는 경우이다.

자신을 돌볼 능력이 없는 경우

자조 능력이 없어 남에게 의존하는 사람으로 보이면 존엄은 받들어지기 어렵게 될 수 있다.

고독에 잠겨 있는 경우

고령자에게는 흔히 '고독'이라는 심각한 문제가 따른다. 이러한 고독 문제를 조성하는 주요인으로서 노화(老化), 건강 상실, 제정 문제, 가족돌봄의 약화, 사회관계 결핍, 할 일이 없음, 공중교통을 이용할 수 없음, 디지털 기술을 모름, 종교가 없음 등으로 볼 수 있다.

연구할 과제

• 존엄을 받들기 어렵게 하는 고령자의 문제: 한국의 경우

18

한국인의 성향에 따른 존엄성 고양

돌봄 제공자는 다음과 같은 한국인의 성향을 신중히 참작하여 돌봄을 실행함으로써 노고객의 존엄성을 높일 수 있다고 본다. 한국인의 공통적인 성향은 우리의 문화적 가치를 반영한다. 가치는 사람들이 중요하다, 올바르다, 바람직하다고 보는 생각과 행동을 말한다.

한국인의 성향으로서 여러 항목이 거론되고 있다. 저자는 존엄을 받드는 데 영향을 끼칠 수 있다고 보는 한국인의 성향을 지적빈도, 공통성 및 함의의 중첩을 감안하여 다음과 같이 간추려 보았다.

- 가족중시 성향
- 관계중시 성향
- 상호의존 성향
- 집단중시 성향
- 체면중시 성향
- 겸손중시 성향

다음에 위의 성향에 대한 학계와 실천계의 논의와 아울러 노고객의 존엄을 받드는 데 사회복지 돌봄 제공자가 유의해야 할 사항을 탐험적으로 살펴보고자 한다.

1) 가족중시 성향

존엄을 싹틔우는 가족적 성향을 중요시해야 한다. 고령자는 나이가 낮은 세대보다 가족중시적 가치관과 생활 태도를 공유하는 경향이 짙다(최재석, 2009; 최연실 외, 2015; 한경혜 외, 2014; 박종서 외, 2020). 가족체계 내 소문화 속의 노고객의 가치관, 상호관계, 소통형태, 권력구조 및 의사결정 과정과 이분을 돌보는 데 도움이 될 정서적 및 물질적 자원을 파악해서 활용해야 한다.

노고객의 개인적 욕구를 생각해야 하지만, 가족 내 다른 성원들의 욕구도 고려해야 한다. 이분의 가족체계 내 우두머리로서의 권위를 존중하여 다른 가족원보다 윗자리, 먼저 말할 기회를 주고, 존댓말을 사용하며, 겸손하게 대하면서 존엄을 받들어야 한다.

가족은 외면적으로 나타나지 않는 힘을 가진다. 즉, 부부, 자녀 등 친족이 친밀히 결합하여 서로 돌보는 것이다. 이런 힘으로 앞서 지적한 가족의 자원을 활용하며 그분의 존엄을 고양할 수 있어야 한다(엄예선, 1987; 송성자, 1997).

2) 관계중시 성향

한국인은 타인에 대한 감정이입과 수용적 태도로 사회관계를 가지는 성향이 짙다(김낙진, 2004: 63-64; 송성자, 1997). 노고객을 이런 관계의 망 속에 존재하는 개인으로 보아야 한다. 그는 이 관계망을 이루는 멤버들의 공통적 의견을 존중하고 이들의 이득에 위배되는 것은 하지 않는 성향을 가진다.

이 관계망을 이루는 가족을 비롯한 친척, 이웃, 친구, 직장, 사회단체 등을 식별하고, 노고객과 이들과의 접촉 빈도, 관계유지 기간, 친밀성, 받고 있는 도움 등을 알아두고, 특히 이들이 가진 정서적 및 물질적 자원을 노고객의 존엄을 받들며 돌보는 데 활용할 수 있어야 한다.

3) 상호의존 성향

어려서부터 가족 중심적 사회망 속에서 성장한 한국인은 서로 의존하는 생활방식에 길들어 있다(김낙진, 2004: 150; 송성자, 1997). 다수 부모는 노령기에 들어 건강을 잃고, 소득이 없어지고, 배우자가 사망하고, 친구들이 세상을 떠남에 따라 성인 자녀에게, 흔히 본의 아니게, 의존하는 처지에 놓이게 된다.

의존성이 증가할수록 자녀와 동거하는 비율은 높아진다(65~69세 동거 23%; 70~79세 동거 33%; 80세 또는 이상 동거 42%)(권중돈, 2016: 222). 이 자료가 시사하듯 다수 자녀는 의존적인 노부모에게 돌봄을 제공하는 경향이 드러난다. 고령자의 91%가 어려울 때 제일 먼저 찾는 곳이 가족이다(성규탁, 2017). 그리고 자녀와 멀리 떨어져 살던 고령자의 다수가 병약해지면 자녀와 가까운 곳으로 이전하거나 이들과 동거한다.

이러한 실상을 보아 부모 · 자녀 간 의존관계는, 고령기의 노부모에게는, 자연적인 또는 부득이한 현상이라고 볼 수 있다. 다만 의존하는 정도의 높고 낮음, 그 기간의 길고 짧음, 그리고 정서적 돌봄과 수단적 돌봄의 어느 것을 더 필요로 하는가의 차이가 있을 따름이다.

생애주기에 따른 변동이 있기는 하나 부모와 자녀는 이와 같이 돌봄을 주고받는 상호의존 관계를 지속한다. 이러한 성향을 염두에 두고, 가족을 포함한 주변 사람들과의 의존관계를 저울질하면서 이런 관계가 고령자의 존엄을 받드는 효과를 발생하도록 기획해 나가야 한다.

4) 집단중시적 성향

동아시아 문화에서는 집단주의적 가치관이 지배적이다(최상진, 2006: 99; Triandis, 1994). 하지만 사회 변화로 개인 중심적 가치관으로 기울어지는 경향이 엿보인다(장희숙, 박영자, 2005: 36). 그러나 집단주의적 성향은 사회구조 속 깊이 스며들어 연령층이 높은 고령자일수록 이 성향이 짙은 경향이다(최연실 외, 2015: 93; 송성자, 1997).

소속된 집단을 우선시하고 개인성의 표출을 억제하며 집단과 조화를 이루는 방향으로 조절한다. 동시에 성원들 간의 돌봄을 포함한 사회적 교환을 한다(한상진, 2006: 126; 정태인 외 10인, 2016).

돌봄을 제공하는 데 있어 개개 고령자의 긍정적 변화에 중심을 두어야 하지만, 노고객이 속하는 가족 등 집단의 변화도 다루어야 한다. 즉, 가족이라는 소집단을 하나의 체계로 다루는 것이다. 이런 체계를 구성하는 개인은 윗사람을 중심으로 교환관계를 이룬다. 이 관계를 통해서 집단의 공통적 목적, 즉 바람직한 사회관계, 서로돌봄, 복리, 명예, 애정, 존중 그리고 존엄을 추구한다(정태인 외, 2016: 410-448).

이런 집단지향적 맥락에서는 개인은 자유로이 독자적 의사를 표시하기를 꺼려 하거나 양보하는 경향이다. 집단성원들 간에 조화와 화합을 중요시하기 때문이다(Garvin & Tropman, 1997). 집단성원 개개인이 가진 자원과 집단 전체가 가진 자원을 합쳐 활용할 필요가 있다. 즉 노고객의 개인적 능력, 지식, 기능 및 재력은 물론 그가 속하는 집단의 자원을 그의 바람직한 변화를 위해 활용함으로써 그의 존엄을 받드는 것이다.

5) 체면중시 성향

한국인이 중시하는 체면치레는 다른 사람으로부터 바람직하다고 인정을 받고자 하는 심리적 작용이다(김태환, 1982; 최상진, 2012).

체면은 양방향적이다. 나의 체면도 지키지만, 다른 사람의 체면도 지켜 준다(임태섭, 1994; Ting-Toomey et al., 1991).

사회관계에서 예의를 지키고, 신뢰성 있게 행동하고, 언행을 진실하게 하고, 경우 바르게 행동해서 품위를 세우는 것은 체면을 유지하기 위한 방편이다(최상진, 유성엽, 1992; 임태섭, 1994). 체면연구가 P. Brown과 S. Levinson(1987)이 말한 대로, 체면이란 성숙한 인간이 갖는 기본욕구로서 남들로부터 무시당하지 않으면서 자신의 존엄을 인정받으려는 소망이다. 체면 차림은 이와 같이 나에 대한 사람들의 평가를 높여 보겠다는 심정으로 행동하는 것이다. 우리 문화에서 개인의 존엄성을 지키는 하나의 방편이라고도 할 수 있다(송성자, 1997).

체면은 수치감 및 분노와 연계되어 있다. 심리학자 B. Lewis(2005)는 수치감은 체면을 지키지 못할 때 생기는 심리적 현상이며, 수치감을 해결하지 못하면 분노를 발생하게 된다고 했다. 특히 중요한 시점은 노고객을 처음 면접할 때이다. 제공자는 모름지기 헐벗고, 몸에서 냄새나는 노고객을 대할 때나, 손에 보석 반지를 끼고 향수 냄새를 풍기는 노고객을 대할 때나, 똑같이 존중하며 존엄을 받들어 주어야 한다. 노고객을 한 인격자로 대하며 겸손하게 존댓말을 하고, 그의 의견을 존중하며 돌보아 주어 그분의 체면을 세워 주어 수치감을 아니 가지도록 해야 한다. 이렇게 해서 그의 존엄을 받들어야 한다.

6) 겸손중시 성향

겸손중시 성향은 한국인의 문화적 속성이다(최상진, 2012: 51; 송성자, 1997). 겸손은 사람을 존중하는 가치이다. 겸손한 사람은 나를 낮추고, 남을 높이며, 남의 의견을 받아들이는 언행(言行)을 한다(나은영, 차유리, 2011).

노고객에게 다음과 같은 겸손한 행동을 하는 것이 바람직하다.

- 존경하는 호칭을 사용하여 정중히 인사한다. [호칭: 어르신, 선생님, 부인, 과장님, 박사님, 기사님 등]
- 돌봄이 필요한 데 관해 물어본다.
- 쉬운 말로 천천히 정확하게 말한다.
- 그분의 말을 이해하려고 노력한다.
- 그분의 청력을 파악해서 내가 할 말의 크기와 속도를 조절한다.
- 존경하는 마음이 말에 담기도록 겸손히 말한다.

위와 같이 만날 때 겸손함으로써 노고객의 존엄성을 높일 수 있다. 겸손중시 성향은 겸양(謙讓: 남에 대한 겸손과 양보)이 미덕시 되는 유교문화권의 특성으로 해석된다(최상진, 2012: 51). 이 가치는 오랜 세월 동안 한국인의 생활 깊숙이 스며들어 시대가 바뀐 오늘날에도 문화적 속성으로 상존하고 있다(나은영, 차유리, 2010).

겸손은 흔히 물(水)로 비유한다. 물은 언제나 높은 곳에서 낮은 곳으로 흘러간다. 높아지는 것은 내려가는 것을 통해서 이루어지는 것이다. 이 말은 다음과 같은 기독교 성경의 가르침을 상기시킨다.

"무릇 자기를 높이는 자는 낮아지고 자기를 낮추는 자는 높아
지리라."

- 누가복음 14:11

이와 같이 겸손은 자신보다 낮은 데 있는 사람도 사랑하고 존중
하는 성향이다. 내가 존중을 받기보다 남을 존중하며, 나의 주장을
내세우기보다 상대방의 의견을 중시한다. 어떤 영광스러움도 자신
만을 위하여 누리지 않고 모두 함께 나누어 누리고자 하는 심정이
다. "자기가 서고 싶으면 남을 세워 주고, 자기가 달하고자 하면 다
른 사람도 달하게 하는 것이다"(논어, 6, 30).

제공자는 노고객의 겸손한 언행에 대한 이해는 물론, 자기 자신
도 노고객에게 겸손하도록 노력해야 한다. 겸손한 언행은 사회적 맥
락에서 상대방의 체면을 세워 주고, 그의 존엄을 받들고자 하는 동기
라고 할 수 있다(김은미, 김기범, 2004). 겸손한 고객은 자기와 가족의
문제, 개입자에게 부담이 될 수 있는 문제, 남에게 부끄럽거나 체면
을 손상할 문제를 과소하게 또는 축소해서 진술하는 경우가 많다.

제공자는 노고객이 자기와 솔직하고 열린 대화를 하도록 이끌어
야 한다. 그분이 말하는 데 힘과 자신감을 갖도록 지지해 주어야 한
다. 노고객의 말을 열심히 듣고, 필요할 때는 암시와 권유를 해 주
며 너그럽고, 예의 바르게 행동한다(Gambrill, 1983). 비언어적 행위,
눈 접촉, 몸 자세, 몸 가눔으로도 겸손을 표시할 수 있다.

겸손은 자신에 대한 사랑이고, 다른 사람에 대한 사랑이며, 남의
존엄성을 인정하는 것이다(Chu, Hwang & Hung, 2010).

19

새로운 접근

초고령사회에 진입하는 우리 사회는 길어진 노년기에 고령자가 노후를 존엄하게 보낼 수 있게 하는 시도가 필요하다. 이런 시도로서 인간중시적 사회복지 돌봄의 필요성이 고조되고 있다.

1) 가족과 사회의 협동

발전한 한국 사회는 노부모·고령자가 자신의 돌봄 욕구를 충족할 수 없거나 충족하는 데 필요한 자원이 없으면 사회복지 돌봄으로 개입하게 된다. 이러한 개입으로서 대다수 노부모와 고령자가 거쳐서 가는 '건강할 때'-'요양보호 될 때'-'죽음에 이를 때'의 3가지 단계의 사례를 들어 존엄을 받드는 사회복지 돌봄을 개략적으로 살펴보았다.

한국 문화적 인간중시 가치와 국민 존엄을 보장하는 헌법에 순응하여 실행하는 사회복지 돌봄의 실례를 들어 본 것이다. 이러한 돌봄을 제공하는 데 있어 노부모·고령자를 돌보는 가족의 권리와 책임을 손상치 않고, 이들의 사생활과 자기결정을 존중하면서 접근해야 한다. 사회복지 돌봄의 목적은 가족이 돌봄 기능을 수행토록 지지, 보완하여 고령자 존엄을 고양하는 데 있다. 이러한 맥락에서 가족에 대한 불필요한 간섭을 하거나 가족의 고유한 돌봄 기능을 배제, 손상해서는 아니 된다.

2) 대안의 선택

가족과 사회는 각기 공동 목표인 고령자의 존엄을 받드는 돌봄을 실행하는 데 긍정적 영향을 끼칠 수 있고 그렇지 못할 수도 있다. 따라서 아래와 같은 대조적 대안을 비교, 조정해서 노부모·고령자의 욕구와 필요에 알맞게 적용하여 존엄을 받드는 노력을 해야 한다고 본다.

- 가족이 사적으로 하는 돌봄 대 사회가 공적으로 하는 돌봄
- 인간중시적 돌봄 대 기술 중심적 돌봄
- 소수를 위한 개별적인 돌봄 대 다수를 위한 균일화된 돌봄
- 마음에서 우러나는 정으로 하는 돌봄 대 정해진 법과 규정에 따라 하는 돌봄
- 자율적으로 하는 돌봄 대 타율적으로 하는 돌봄
- 가족 세팅에서 하는 돌봄 대 사회시설 세팅에서 하는 돌봄
- 우발적 문제에 대한 돌봄 대 일상적 문제에 대한 돌봄

- 고령자의 욕구와 필요에 맞게 하는 돌봄 대 돌봄 요원의 욕구
  와 필요에 따라 하는 돌봄
- 소수를 위한 개별적 돌봄 대 다수를 위한 효율적 돌봄

위와 같은 대안을 두고 노부모 · 고령자의 당면한 필요에 따라
돌봄을 선택할 수 있다.

3) 서로 돌보는 관계

부자자효(父慈子孝), "부모는 자녀를 인자하게 돌보고 자녀는 부
모를 존중하며 돌본다"의 가르침은 노소 세대가 측은지심과 서를
발현하며 호혜적으로 존엄을 받듦을 뜻한다. 이러한 방향으로 새
시대의 고령자 존엄을 고양하는 과제가 우리 앞에 놓여 있다. 이를
위해 우리가 이어받은 보편성 있는 인간중시적 가치와 나라의 법에
겸허하게 순응하며 고령자 존엄을 시대적 욕구에 알맞게 실천하는
노력이 필요하다.

새 시대에는 권위주의적이고 차별적인 암(暗)의 패턴에서 공평
하게 서로 존중하며 돌보는 명(明)의 패턴으로 가족관계가 변화되
어야 할 것이다. 이런 변화의 맥락에서 노부모 · 고령자 돌봄이 이
루어질 때 개인, 가족 및 공동체는 공동의 복리를 이룩하며 안정된
민주적 삶을 실현해 나갈 수 있다고 본다. 홍익인간에서 발원한 인
간중시적 가치, 한국인의 정(情), 그리고 한국적 휴머니즘이 노부

모·고령자 돌봄을 실현하기 위한 불가결한 이념적 기틀을 갖추어 준다.

4) 인간중시적 돌봄

건강한 고령자와 병약한 고령자를 존엄을 받들면서 돌보는 데 인간중시 가치를 고양할 필요성이 드러났다. 이러한 필요성을 이 책에서 되풀이해서 제기하였다. 고령자를 위한 돌봄은 어려움에 부딪힌 이분들을 인간중시적으로 보살피는 도덕적 기틀 위에서 시작되고 발전되어 왔다. 고령자 돌봄은 원초적으로 도덕적인 행위이다. 돌보아지는 고령자와 돌보는 제공자 간의 도덕성을 받들면서 이루어지는 인간존엄을 고양하는 노력이다.

전술한 바와 같이, 사회복지 돌봄 제공자를 교육 감독하는 한국사회복지사협회는 인간존엄성의 이념을 핵심 가치로 선정하고, 이 가치를 실현하기 위한 구체적 원칙을 다음과 같이 제정하였다.

"사회복지사는 인간의 존엄성과 가치를 인정하고 존중한다. 아울러 고객의 인권을 존중하고 자율성을 존중한다."

우리는 이 원칙과 맞물리게 사람을 존엄시 하는 믿음을 기틀로 하는 문화에서 살아온 겨레이다. 퇴계의 다음 호소는 우리의 심금을 울리며, 고령자를 돌보는 데 발현되어야 하는 인간중시적 믿음을 표상한다고 본다.

"돌봄이 필요한 사회적 약자인 어른과 어린이는 모두 나의 형제이며, 이들을 마치 나의 친족과 같이 사랑으로 돌보아야 한다."

– 성학십도, 인설

인(仁)에 대한 다음 정의를 보면 이러한 호소에 담긴 이타적 동정심을 이해할 수 있다.

"인의 마음은 따뜻하게 남을 사랑하고 모든 것을 이롭게 하는 마음이며, 사심 없이 이타적인 측은한 마음이다."

– 성학십도, 인설

발전한 나라마다 자국의 문화적 맥락에서 보편화될 수 있는 고령자 복지사업을 개발해 나가고 있다. 자국의 전통 가치에서 진리를 찾고 교훈을 얻어 새로운 사회복지 돌봄을 기획, 설정하여 이를 실천에 옮기고 있는 것이다.

한국 사회적 맥락에서 전술한 문화적 가치(價値)를 노부모·고령자 존엄을 받드는 사회복지 돌봄을 실행함으로써 실현(實現)되는 실상을 이 책에서 제시하였다. 이 가치는 우리 문화에서 성취되어야 할 당위성(當爲性)과 보편성(普遍性)을 갖추었다고 믿는다. 노부모·고령자에게 이러한 돌봄을 제공하는 데 발생하는 밝은 면과 어두운 면을 가려내어 존엄을 받들 수 있는 마땅한 돌봄을 선별해 보았다.

이러한 돌봄을 통하여 이분들이 장수하는 동안에, 값없고 쓸모없는 사람으로 멸시, 천대당하지 않고, 신체적 및 사회적 어려움을 극복하며, 존중되면서 생을 존엄하게 보내도록 하는 시대적 과업을 슬기롭게 수행해야 하겠다. 이 과업은 위에 제시한 고상한 전통적

가치를 새 시대의 사회복지 돌봄을 인간중시적으로 제공함으로써
실현하는 일이라고 믿는다.

인간중시적 돌봄의 지속

이 책에서 우리가 이어받은 인간중시적 가치와 국법이 지정한
국민 존엄, 그리고 현대적 휴머니즘이 표상하는 고령자 존엄을 사
회복지 돌봄으로 발현, 실행하는 과업을 살펴보았다. 즉, 인간중시
적 가치를 행동적인 돌봄으로 실현하여 노부모와 고령자의 존엄을
받드는 과업이다.

윤리적 인간사회 지향

복지사회가 안정되게 발전하기 위해서는 다수 사람이 보편적으
로 받드는 가치에 기틀을 두어야 한다(Titmuss, 1976; 이순민, 2016).
이런 보편적 가치로서 위와 같은 인간중시적 가치를 발현함으로써
노부모 · 고령자의 존엄을 받들며 돌보는 실황을 살펴본 것이다.

한국인의 노부모 · 고령자 복지를 이룩하는 벅찬 과정은 진행 중
이다. 이 과정에서 인간중시적으로 노부모 고령자의 존엄을 받들
면서 복지를 증진하는 실상을 탐사, 논의, 제의하는 것이 이 책에서
추구하는 목적이다. 이러한 목적과 아울러 퇴계가 경(敬)을 이룩하
는 요건으로 제시한 "참되고 건전한 윤리적 인간사회를 이룩하는
데 요구되는 자율적인 공동체 의식"을 발현해 나가야 하겠다.

끝으로 다음과 같은 주제에 대한 조사 연구가 이루어지기를 바란다.

- 한국 전통 인간중시 가치의 고양과 발현
- 존엄을 싹틔우는 가족을 위한 사회복지 돌봄의 개발, 실행
- 고령자 존엄에 대한 비교문화적 연구

참고문헌

[국내]

강철희, 2020, 「가구단위의 세속적 기부, 종교적 기부, 상호부조적 기부행동 간 관계의 영향요인 비교」, 『한국사회복지행정학』, 02.

경제기획원, 2023, 평균가족수.

고범서, 1992, 『가치관연구』, 나남.

권경임, 2009, 『현대불교사회복지론』, 동국대학교출판부.

권복규, 김현철, 2009, 『생명윤리와 법』, 이화여자대학교출판부.

권석만, 2015, 『현대 성격심리학(humanity 연구)』, 학지사.

권중돈, 2021, 『치매환자와 가족복지』, 학지사.

권중돈, 2015~2022, 『노인복지론』, 학지사.

금장태, 2012, 『퇴계평전: 인간의 길을 밝혀준 스승』, 지식과 교양.

금장태, 2001, 『퇴계의 삶과 철학』, 서울대학교출판부.

김기덕, 2022, 「인권과 사회복지의 관계에 대한 비판적 탐색」, 『한국사회복지학』, 74(2), 7-28.

김기현, 2023, 「노인 일자리 및 사회활동 지원사업의 현재와 미래」, 『복지저널』, 6월호.

김낙진, 2004, 『의리의 윤리와 한국의 유교문화』, 집문당.

김동배, 2019, 『백세시대 시니어로 살기』, 도서출판소야.

김미해, 권금주, 2008, 「며느리의 노인학대 과정에 관한 연구」, 『한국노년학』, 28(3), 403-424.

김민경 외, 2016, 「장기요양기관 요양보호사의 노인인권옹호 행동영향요인」, 『한국노년학』, 36(3), 673-691.

김상범, 2019, 「유교, 인간존엄성, 그리고 도덕교육」, 『공자학』, 37권, 159-183, 한국공자학회.

김성희, 남희은, 박소진, 2012, 「요양보호사의 직무만족이 서비스에 미치는 영향」, 『한국콘텐츠학회논문지』.

김시우, 2008, 『성경적 효 입문』, 다사랑.

김은미, 김기범, 2004, 「사회적 맥락에 따른 겸손의 의미분석」, 『한국심리학회지: 사회 및 성격』, 16(3), 47-60.

김익기 외, 1999, 한국노인의 삶, 미래인력연구센터.

김인자 외, 2008, 『긍정심리학』, 물푸레.

김재엽, 1998, 「한국노인부부의 부부폭력실태와 사회인구학적 관계 연구」, 『한국노년학』, 18(1), 170-183.

나병균, 1985, 「향약과 사회보장의 관계」, 『사회복지학회지』, 7호, 21-50.

나용선, 김나영, 2004, 「노인학대실태와 사회사업적 개입에 대한 연구」, 『임상사회사업연구』, 1(2), 59-86.

나은영, 차유리, 2011, 「한국인의 가치관 변화 추이」, 『한국심리학회지: 사회와 성격』, 2010, 24(4), 63-93.

남석인 외, 2018, 「사회복지사의 비윤리적 행위에 대한 대응책 개발」, 『한국사회복지행정학』, 20(4), 139-174.

노충래, 김정화, 2011, 『한국사회복지학』, 63(2).

논어(論語), 1997, 이가원 감수, 홍신문화사.

대한노인회, 2016, 경로당 활성화 실태조사.

도성달, 2013, 『윤리, 세상을 만나다』, 한국중앙연구원.

류승국, 1995, 『효와 인륜사회. 효사상과 미래사회』, 한국정신문화연구원.

류승국, 1988, 『한국사상과 현대』, 동방학술연구회.

맹자(孟子), 1994, 이가원 감수, 홍신문화사.

박병현, 2008, 『사회복지와 문화』, 집문당. 아산재단연구총서.

박상철, 2024, 『장수박사 박상철의 거룩하게 늙는 법』, 파이낸셜뉴스.

박영수, 2017, 「노인학대 실태분석과 대응방안에 관한 연구」, 『한국행정학회 하
　　계학술발표논문집』, 2017권, 3015-4042.

박용대, 2004, 『휴머니즘과 실천철학』, 서강대학교출판부.

박정숙, 2000, 「한국노인의 사회적 관계: 가족과 지역사회와의 연계정도」, 『한국
　　사회학』, dbpia.ko.kr.

박종서 외, 2020, 『한국가족의 변동 특성과 정치적 함의』, 한국보건사회연구원.

박종홍(朴鍾鴻), 1965, 「퇴계의 인간과 사상」, 국제문화연구소, 『世界』, 2권, 4호.

박찬구, 2022, 『40 주제로 이해하는 윤리와 사상 개념 사전』, 씨마스.

백낙준(白樂濬), 1963, 『한국의 현실과 이상』, 동아출판사.

보건복지부, 2022, 사회서비스 공통업무안내, 9. 보건복지부 차세대사회보장정
　　보시스템구축추진단.

보건복지부 한국보건복지정보개발원, 2014, 나에게 힘이 되는 복지서비스.

보건복지부, 2014~2020, 사회복지시설관리 안내.

보건복지부, 2007, 노인학대상담사업 현황보고서.

성규탁, 1988~2003, 『사회복지행정론』, 박영사 [2판 8쇄].

성규탁, 2005, 『현대 한국인의 효: 전통의 지속과 표현의 변화』, 집문당 [대한민
　　국학술원선정 우수도서].

성규탁, 2016, 『한국인의 효에 대한 사회조사: 질적 및 양적 접근』, 집문당.

성규탁, 2017, 『효, 사회복지의 기틀: 퇴계의 가르침』, 문음사.

성규탁, 2022, 『한국사회복지조직의 성장과 과제』, 한국학술정보 [대한민국학술

원선정 우수도서].

성규탁, 2022, 『한국인의 노인복지를 위한 가족효와 사회효의 연계』, 한국학술
　　정보.

성기월, 2005, 「무료양로-요양시설 간호사의 업무내용과 직무만족도」, 『지역사
　　회간호학회지』, 1(3).

성서(聖書).

손인수, 1992, 『한국인의 가치관, 교육가치관의 재발견』, 문음사.

손인수, 주채혁, 조걱호, 조대희, 민병주, 1977, 『한국인의 인간관』, 삼화서적주
　　식회사.

송복, 1999, 『동양의 가치란 무엇인가: 논어의 세계』, 미래인력연구센터.

송성자, 1997, 「한국문화와 가족치료」, 『한국사회복지학』, 32권, 160-180.

신용하, 2004, 『21세기 한국사회와 공동체문화』, 지식산업사.

신용하, 장경섭, 1996, 『21세기 한국의 가족과 공동체 문화』, 집문당.

양옥경, 2017, 『사회복지윤리와 인권』, 공동체.

양옥경 외, 2018, 『사회복지실천론』, 나남 (5판).

우국회 외, 2015, 『사회복지윤리와 철학(존엄성연구)』, 공동체.

유민봉, 심형인, 2013, 「한국사회의 문화적 특성에 관한 연구」, 『한국심리학회
　　지: 문화와 사회문제』, 19(3), 457-485.

유성호, 2009, 「경로당 발전방안 탐색: 경로당 이용경험에 따른 노인들의 특성
　　을 중심으로」, 『한국노년학』, 29(4), 1463-1478.

유성호 외, 2016, 「노인요양시설 입소노인에 대한 여성요양보호사의 폭력경험
　　에 대한 탐색적 연구」, 『한국노년학』, 36(4), 1037-1058.

유영림, 김명성, 배영미, 2018, 「노인생활시설 사회복지 슈퍼비전 현황과 발전방
　　안에 대한 질적사례연구」, 『사회복지행정학』, 20(1), 107-149.

유영익, 1992, 『한국근대사론』, 일조각.

윤경아, 이윤화, 2000, 「장애노인의 사회복지서비스 욕구에 관한 연구」, 『한국노

년학』, 20(3), 77-91.

윤사순, 2024, 2, 2, 한국철학사를 보는 눈(史觀), 한국공자학회, 고려대학교철학
연구소.

윤사순, 2022, 『한국철학사상사』, 고려대학교출판문화원.

윤사순, 2016, 『퇴계선집』(14쇄), 현암사.

윤성범, 1975, 동서양의 윤리(Ethics East and West). (M. C. Kalton, trans.),
Seoul.

윤태림, 1970, 『한국인의 의식구조』, 문음사.

율곡전서, 권27, 사친장.

이경희, 2016, 「요양시설노인과 요양보호사에 있어 식사의 의미」, 『한국노년학』,
36(4), 1157-1176.

이달휴, 2016, 『노동법 논총』, 36집, 131-159.

이동준, 1997, 『유교의 인도주의와 한국사상』, 한울아카데미.

이수원, 1984, 「한국인의 인간관계구조와 정」, 『교육논총』, 5, 95-125.

이순민, 2021, 『사회복지 윤리와 철학』, 학지사.

이승호, 신유미, 2018, 「공적 돌봄과 가족돌봄의 종단적 과제: 재가노인돌봄을
중심으로」, 『한국노년학』, 38(4), 1035-1055.

이여봉, 2017, 『가족 안의 사회, 사회 안의 가족』, 양서원.

이이, 『율곡전서』, 국역, 1985, 한국정신문화연구원, 권 19.

이중표, 2010, 『현대와 불교사상』, 전남대학교출판부.

이창숙, 하정화, 2019, 「경로당 이용 여성 노인의 친구·이웃 집단따돌림 현상
연구」, 『한국노년학』, 38(3), 485-515.

이황(李滉), 윤사순 역주, 2014, 『퇴계선집』, 현암사.

이황(李滉), 이광호 역, 1987, 『성학십도(聖學十圖)』, 홍익출판사.

이황(李滉), 장기근 역해, 2003, 『퇴계집(退溪集)』, 홍신문화사.

일본민법 IV, 친족상속법.

일본사회복지사윤리강령, 2006.

임태섭, 1994, 「체면의 구조와 체면욕구의 결정요인에 대한 연구」, 『한국언론학
　　　보』, 32호, 207-247.

장인호, 2018, 『성균관 법학』, 30(2).

장현숙, 옥선화, 2016, 『가족관계』, KNOU Press.

장희숙, 박영자, 2005, 『가족: 개인중심적 가족관』, 학지사.

전두하, 1999, 『사랑 인간 및 휴머니즘, 현대철학의 제문제』, 선학사.

정경희, 강은나, 2016, 「한국노인의 사회적 연계망 유형」, 『한국노년학』, (3),
　　　765-783.

정순돌, 2005, 한국사회복지의 좌표, 한국사회복지학회.

정순목, 1990, 『퇴계의 교육철학』, 지식산업사.

정승은, 이순회, 2009, 「노인요양시설 간호사의 실무경험」, 『간호학회지』, 15(1),
　　　116-127.

정태인 외, 2016, 『사회심리학』, 학지사.

조지현, 오세근, 양철호, 2012, 「아시아 4개국의 노인부양의식 및 노인부양행위
　　　에 관한 비교연구」, 『사회연구』, 통권 22호, 7-42.

지교훈, 1988, 한민족의 정신사적 기초, 한국정신문화연수원.

채무송, 1990, 『퇴계·율곡 철학 연구』, 성균관대학교출판부.

최문형, 2004, 『한국전통사상의 탐구와 전망』, 경인문화사, 336-348.

최문형, 2000, 「동학사상에 나타난 민족통일이념 연구, 남북한 민족공동체의 지
　　　속과 변동」, 『교육정책연구』, 2000-지-1, 교육인적자원부, 111.

최상진, 2012, 『한국인의 심리학』, 학지사.

최상진, 김기범, 2011, 『문화심리학-현대 한국인의 심리분석』, 지식산업사.

최성재 편, 2012, 『고령화사회』, 서울대학교출판부.

최성재, 1989, 「경로효친사상과 노인복지」, 『한국사회복지학』, 13, 1-25.

최연실 외(15인), 2015, 『한국가족을 말한다: 현상과 쟁점』, 도서출판 하우.

최유정, 2010, 『가족정책을 통해 본 한국의 가족과 근대성 - 1948~2005년까지』, 백문사.

최재석, 2009, 『한국의 가족과 사회』, 경인문화사.

최재성, 2017, 『노인요양원과 문화변화』, 아산재단연구총서, 집문당.

최희경, 2013, 『사회과학연구』, 29(4), 225-248.

카이스트 미래전략 2024, 2021, 김영사.

타케우치 이사무, 2010, 「종말돌봄의 의의와 과제」, 『인격주의 생명윤리』, 4(1), 36-56, 가톨릭생명연구소.

한겨레신문, 2022. 8. 20.

한경혜, 성미애, 진미정, 2014, 『가족발달』, KNOU Press.

한국가족문화원, 2005, 『21세기 한국가족: 문제와 대안』, 경문사.

한국갤럽, 2011. 01. 31, 한국인이 효.

한국노인인력개발원, 2001.

한국사회복지사협회, 윤리강령, 실천가이드북, 2015.

한국인권위원회 연차보고, 2022.

한상진, 2006, 『역동적 균형과 한국의 미래. 3: 사회통합과 균형적 성장』, (공편), 나남.

한형수, 2011, 『한국사회 도시노인의 삶의 질 연구』, 청록출판사.

허유래, 2022, 「호스피스 사회복지사의 역할에 대한 인식연구」, 논문(석사), 이화여자대학교.

홍경준, 1999, 「복지국가유형에 관한 질적 분석」, 『한국사회복지학』, 38, 309-335.

홍석영, 2004, 「생명윤리와 인간학」, 『의료윤리교육학회지』, 7(1).

효경(孝經).

효도실버신문, 2018.8.13. (제208호).

황진수, 2011, 『노인복지론』, 공동체.

[국외]

Bellah, R. N., et al., 1985. Habits of the heart: Individualism and commitment in American life. Berkeley, CA: University of California Press.

Beveridge Report (The), 1942. Social insurance and allied services. CMD 6404, HMSD, London.

BJSW, 2022. Prelude, On human dignity and social work, The British Journal of Social Work, 52(2), 609-623.

Borowski A., 2007. On human dignity and social work, The British Journal of Social Work, 2022, 52(2), 609-623.

Brown, P., & Livingston, S. C., 1987. Politeness: Some universal language usage. New York: McMillan.

Business Korea, May 1, 2020.

Cassel, C. K., 1992. Ethical issues in the medicine of later life. Oxford Textbook of Geriatric Medicine, (Eds.) Evans, J. D., & Williams, T. F. New York: Oxford University Press.

Chow, N., 1995. Filial piety in Asian Chinese communities. Paper presented at 5th Asia/Oceania Regional Congress of Gerontology, Honk Kong, 20 November.

Chu, S. M., Hwang, H. J., & Hung, Y., 2010. The influence of humility on leadership: A Chinese and western view. National Sun-Yatsen University, Taiwan.

Clancy, A., Simonsen, N., & Johanssen, A., 2020. The meaning of dignity for older adults: A meta-synthesis. Nursing Ethics, 28(6): 878-894.

Connidis, I. A., 2009. Family ties and aging. Sage.

Consonni, G., Paven, G., Rizzi, M., & Herrera, F., 2023. The Nordic model: Analysis of welfare and social policies, Focus-Allegati, 30 Luglio.

Coons, D. H., 1995. The therapeutic milieu: The social-psychological aspects of treatment, Clinical aspects of aging, Baltimore: Wilkins and Wilkins.

Cox, H. G., 1990. Roles for aged individuals in post-industrial societies, International Journal of Aging and Human Development, 30, 55-60.

Damon-Rodriguez, J. A., 1998. Respecting ethnic elders: A perspective for care providers. (In) R. Disch, R. Doborof, & H. R. Moody(Eds.), Dignity and Old Age. 53-72. New York: Haworth.

Dillon, R. S., 1992. Respect and care: Toward moral integration. Canadian Journal of Philosophy 22, 105-132.

Downie, R. S., & Telfer, E., 1969. Respect for persons. London: Allen and Unwin.

Evans, J. G., & Williams, T. F., 1992. Oxford Textbook of Geriatric Medicine, Oxford University Press.

Gambrill, E., & Gibbs, L., 2017. Critical thinking for helping professionals: A skill-based workbook. London: Oxford University Press.

Gambrill, E., 1983. Casework: A competency-based approach. Englewood Cliffs, NJ: Prentice-Hall.

Garvin, C. D., & Tropman, J. E., 1997. Social work in contemporary society. NY: Allyn & Bacon.

Ghusn, R. S., et al., 1996. Enhancing life satisfaction in later life. Journal of Gerontological Social Work, 26, 27-47.

Gibbard, A., 1990. Wise choices, apt feelings, Cambridge, MA: Harvard University Press.

Given, B. A., & Reinhard, S. C., 2017. Caregiving at the end of life: The chalkenge for family caregivers, Generations, Spring, 41(1), 55-57.

Goldstein, H., 1998. Education for ethical dilemmas in social work practice.

Families in Society, May-June, 241-253.

Grundler, K., & Kollner, S., 2020. Culture, diversity and the welfare state, Journal of Comparative Economics, 48(4). 913-932.

Hasenfeld, Y., 1985. Human service organizations. Englewood Cliffs, NJ: Prentice-Hall. 성규탁 역, 1997, 『사회복지행정조직론』, 박영사.

IAGG(International Association of Gerontology & Geriatrics), 2013. 24th World Congress Proceedings, Seoul, Korea.

Jansson, B. S., 2013. Becoming effective policy advocate: Policy practice to social justice. New York: Brooks/Cole.

Kahn, A. J., 1979. Social policy and social services. 2nd Ed. New York: Random House.

Lewis, R., 2005. Teaching gratitude in early years - When do kids get it? MN: Free Spirit Publishing.

Maeda, D., 2004. Soietal filial piety has made traditional individual filial piety much less important in contemporary Japan, Geriatrics & Gerontology International, 4(1), s74-s76.

Mehta, K., 1997. Respect redefined. Singapore International Journal of Aging and Human Development, 44, 205-219.

Myrdal, G., 1958. (260-261). Value in social theory, P. Streeten, (Ed.). New York, Harper.

Nordic(Denmark, Finland, Norway & Sweden) and Netherlands statement, 2023. 7th Assembly, Vancouver, 22-25 August.

Palmore, E. B., 1989. Ageism: Negative and Positive. New York: Springer.

Palmore & Maeda, 1985. The honorable elders revisited. Durham, NC: Duke University Press.

Patti, R., 2000. Social Welfare Management. SAGE.

Pedersen, P. B., 1983. Asian personality theory. (In) R. J. Corsica & A. J. Marsella (Eds.), Personality Theories, Research, and Assessment. Itasca: Peacock.

Pillemer, K. A., & Finkelhor, D., 1988. Prevailing elder abuse. The Gerontologist, 28: 51-57.

Queresi, H., & Walker, A., 1989. The caring relationship: Elderly people and their families. New York: McMillan.

Reamer, F. G., 2013. Eye on Ethics, Social Work Today, Oct. 14.

Reichel, W., 1995. Care for the elderly, Clinical aspects of aging, Baltimore: Wilkins and Wilkins.

Rice, E. P., 1984. The adolescent: Development, relationship, and culture. Boston: Allyn & Bacon.

Rogers, C. R., 1961. On becoming a person. Boston: Houghton Mifflin.

Rogers, C. R., 1977. Carl Rogers on personal power. New York: Delacorte.

Roland, A., 1989. In search of self in India and Japan: Toward cross-cultural psychology. Princeton Univesity Press.

Roth, E. Q., Death and Dying [죽음과 죽어감], 2023. 이진 역, 청미.

Schmidt, J., Niemeijer, A., Leget, C., Trappenburg, M., & Tonkens, E., 2020. The dignity circle: How to promote dignity in social work practice and policy?, European Journal of Social Work, 23(6), 945-957.

Simmel, O. S., 2008. The web of group affiliation. New York: Free Press.

Singapore Ministry of Community Development, 2010.

Singh, J. P., 2020. Cultural values in political economy. Kindle.

Streib, G. F., 1987. Old age in sociocultural context: China and the United States. Journal of Aging Studies 7, 95-112.

Sung, K. T. (성규탁), 2024. Family-centered elder-care: A new look at filial piety, the cultural value in Korea. (In) Chung, K. B. & Gilbert, N. (Eds.). G. B.: Oxford University Press.

Sung, K. T. (성규탁), & Dunkle, R. E., 2009. How social workers demonstrate respect for elderly clients. Journal of Gerontological Social Work, 53, 250-260.

Sung, K. T., & Hagiwara, S., 2005. Japanese young adults and elder respect: Exploration of forms and expressions. Graduate School of Social Well-being Studies, Hosei University, Japan.

Sung, K. T., & Yan, G., 2007. Chinese young adults and elder respect. University of Southern California and Shanghai University.

Ting-Toomy et al., 1991. Culture, face maintenance, and styles of handling interpersonal conflict: Study in five cultures. International Journal of Conflict Management, 2(4): 275-296.

Titmuss, R. M., 1976. Commitment to welfare. London: Harpers Collins.

Triandis, H. C., 1994. Culture and social behavior. New York: Trafalger Publishing. Tu, W. M. (杜維明), 1995. Humanity as embodied love: Exploring filial piety in a global ethical perspectives. (In) Filial piety and future society. Gyonggido, South Korea: The Academy of Korean Studies.

U. S. NASW(National Association of Social Workers), 2010. Code of Ethics. Washington, D. C.

성규탁(成圭鐸)

sung.kyutaik@gmail.com

서울대학교 문리과대학 & 대학원 졸업(학사, 석사)
University of Michigan 사회사업대학원 졸업(MSW)
University of Michigan 대학원 졸업(Ph.D.)

〈역임〉
University of Wisconsin-Madison 사회사업대학원 교수
연세대학교 사회복지학과(창립 시) 학과장
연세대학교 사회복지연구소(창립 시) 소장
University of Chicago Fellow(선경최종현학술원지원)
한국사회복지학회장
한국노년학회장
Michigan State University 사회사업대학원 전임교수
University of Southern California 사회사업대학원 석좌교수(Frances Wu Endowed Chair
    Professor)
University of Michigan 사회사업대학원 초빙교수
리더십한림원[www.lhgln.com] 효문화연구소 대표
한국사회복지사협회 원로회 회장
시회복지교육실천포럼 대표
인촌상 심사위원
3·1문화재단(창립 시) 사무국장
서울 중화노인복지관 운영위원장
서울 강남시니어클럽(노인일자리마련기관) 운영위원장

〈저서(국문): 효 관련〉
새 時代의 孝 (연세대학교출판부) (연세대학술상 수상) 1995
새 시대의 효 I (문음사) (아산재단아산효행상 수상) 1996
새 시대의 효 II (문음사) (문화공보부 추천도서) 1996
새 시대의 효 III (문음사) 1996

현대 한국인의 효 (집문당) (대한민국학술원선정 우수도서) 2005

한국인의 효 Ⅰ (한국학술정보) 2010

한국인의 효 Ⅱ (한국학술정보) 2010

한국인의 효 Ⅲ (한국학술정보) 2010

한국인의 효 Ⅳ (한국학술정보) 2010

한국인의 효 Ⅴ (한국학술정보) 2010

어른을 존중하는 중국, 일본, 한국 사람들 (한국학술정보) 2011

어떻게 섬길까: 동아시아인의 에티켓 (한국학술정보) 2012

한국인의 서로돌봄: 사랑과 섬김의 실천 (한국학술정보) 2013

부모님, 선생님 "고맙습니다"로 시작하는 효 (한국학술정보) 2013

한국인의 세대 간 서로돌봄: 전통-변천-복지 (집문당) 2014

한국인의 효에 대한 사회조사 (집문당) 2015

효행에 관한 조사연구 (집문당) 2016

효, 사회복지의 기틀: 퇴계의 가르침 (문음사) 2017

부모님을 위한 돌봄 (한국학술정보) 2019

한국인의 어른에 대한 올바른 존중 (한국학술정보) 2019

현대 한국인의 노후 돌봄 (한국학술정보) 2020

부모님에 대한 감사 (한국학술정보) 2021

새 시대 한국인의 효 (한국학술정보) 2021

한국인의 노인복지를 위한 가족효와 사회효의 연계 (한국학술정보) 2022

한국인의 부모와 고령자에 대한 존경 (한국학술정보) 2022

가족과 사회의 고령자 돌봄: 인간화 지향 (한국학술정보) 2024

〈저서(국문): 사회복지 관련〉

사회복지행정론 (법문사)

사회복지행정론(역서) (한국사회개발연구원)

사회복지조직론(역서) (박영사)

사회복지사업관리론(역서) (법문사)

산업복지론 (박영사)

정책평가 (법영사)

사회복지임상조사방법론 (법문사)

사회복지실천평가론 (법문사)

사회복지시설의 바람직한 관리 (한국학술정보)

한국사회복지조직의 성장과 과제 (한국학술정보) (대한민국학술원선정 우수도서)

사회복지시설의 바람직한 관리 (한국학술정보)

효: 사회복지의 기틀: 퇴계의 가르침 (문음사)

〈저서(영문)〉

Care and respect for the elderly in Korea: Filial piety in modern times in East Asia. Seoul: Jimoondang, 2005.

Respect and care for the elderly: The East Asian way. Lanham, MD: University Press of America, 2007.

Respect for the elderly: Implications for human service providers. Lanham, MD: University Press of America, 2009.

Advancing social welfare of Korea: Challenges and approaches. Seoul: Jimoondang, 2011.

The Organizational Effectiveness of Family Planning Clinics. Ann Arbor, MI: The University of Michigan School of Social Work, 1974.

Evolving social welfare of Korea: Issues and approaches [In Press].

〈논문(국내)〉

사회복지학회지,

사회복지,

연세사회복지연구,

한국노년학,

노인복지정책연구총서,

한국정신문화연구원논총,

한림과학원총서,

승곡논총

등에 발표

〈논문(외국)〉

Journal of Social Service Research,

Administration in Social Work,

The Gerontologist,

J'l of Aging Studies,

Internat'l J'l of Aging & Human Development,

J'l of Gerontological Social Work,

J'l of Elder Abuse & Neglect,

J'l of Cross-Cultural Gerontology,

J'l of Aging & Social Policy,

Educational Gerontology,

Ageing International,

J'l of Aging and Identity,

J'l of Aging, Humanities & the Arts,

J'l of Religious Gerontology,

International Social Work,

Society and Welfare,

Social Indicators Research,

J'l of Family Issues,

J'l of Applied Social Sciences,

J'l of Poverty,

Internat'l J'l of Social Research & Practice,

Hong Kong J'l of Gerontology,

Australian J'l on Ageing,

The Southwest J'l of Aging,

J'l of East and West Studies,

Public Health Reports,

Public Health Reviews,

Health and Social Work,

Studies in Family Planning,

Children and Youth Service Review,

Child Care Quarterly,

Child Welfare

등에 발표

한국 고령자의
존엄 증진

초판인쇄 2025년 1월 3일
초판발행 2025년 1월 3일

지은이 성규탁
펴낸이 채종준
펴낸곳 한국학술정보(주)
주 소 경기도 파주시 회동길 230(문발동)
전 화 031-908-3181(대표)
팩 스 031-908-3189
홈페이지 http://ebook.kstudy.com
E-mail 출판사업부 publish@kstudy.com
등 록 제일산-115호(2000. 6. 19)

ISBN 979-11-7318-127-6 93330

이 책은 한국학술정보(주)와 저작자의 지적 재산으로서 무단 전재와 복제를 금합니다.
책에 대한 더 나은 생각, 끊임없는 고민, 독자를 생각하는 마음으로 보다 좋은 책을 만들어갑니다.